能源与电力分析年度报告系列

2020

国内外能源电力企业数字化转型分析报告

国网能源研究院有限公司 编著

中国电力出版社
CHINA ELECTRIC POWER PRESS

内 容 提 要

《国内外能源电力企业数字化转型分析报告》是能源与电力分析年度报告系列之一，旨在分析数字化浪潮下能源电力企业数字化转型现状，剖析能源电力企业数字化转型路径，阐述能源电力企业数字化转型关键环节和重点内容。

本报告借鉴国内外先进能源电力企业转型经验，从转型综合情况、案例深度分析、数字化转型专题问题研究等方面分析能源电力企业数字化转型的核心观念和主要做法，为能源电力企业全面开展数字化转型提供指南。

本报告可供数据分析人员、信息化建设人员、科研咨询人员、企业管理者和国家相关政策制定者参考使用。

图书在版编目（CIP）数据

国内外能源电力企业数字化转型分析报告 . 2020/国网能源研究院有限公司编著 . —北京：中国电力出版社，2020.11
（能源与电力分析年度报告系列）
ISBN 978 - 7 - 5198 - 5155 - 2

Ⅰ.①国… Ⅱ.①国… Ⅲ.①能源工业－数字化－研究报告－世界－2020 ②电力工业－数字化－研究报告－世界－2020 Ⅳ.①F416.2②F416.61

中国版本图书馆 CIP 数据核字（2020）第 222980 号

出版发行：中国电力出版社
地　　址：北京市东城区北京站西街 19 号（邮政编码 100005）
网　　址：http：//www. cepp. sgcc. com. cn
责任编辑：刘汝青（010-63412382）　郭丽然
责任校对：黄　蓓　王海南
装帧设计：赵姗姗
责任印制：吴　迪

印　　刷：北京瑞禾彩色印刷有限公司
版　　次：2020 年 11 月第一版
印　　次：2020 年 11 月北京第一次印刷
开　　本：787 毫米×1092 毫米　16 开本
印　　张：9
字　　数：122 千字
印　　数：0001—2000 册
定　　价：88.00 元

前　言
PREFACE

　　当前，在国家大力推行新基建，全面应对新冠肺炎疫情防控及复工复产问题的核心背景下，企业的数字化转型凸显成效，成为保障企业运转的核心。居家隔离和有序复工倒逼企业加快业务的全面线上部署，更加注重对企业运转的系统化支撑。能源电力企业在服务创新大旗下，推动业务、技术、管理转型升级，构建数字化、网络化、智能化的能源系统已成为共识，生动而丰富的实践为国网能源研究院有限公司深入分析国内外企业数字化转型的典型做法、发展趋势提供了参考。能源电力企业在新技术发展、商业模式应用等方面拥有一定数量的最佳实践，足以支持本报告的形成。在经过力所能及的去粗取精、去伪存真的艰苦过程后，我们有信心为政府部门、大型央企、社会各界提供有价值的决策参考和信息。

　　《国内外能源电力企业数字化转型分析报告》是国网能源研究院有限公司推出的"能源与电力分析年度报告系列"之一。2018 年首开先河，作为系列出版筹划，今年是第三年，编写组审慎研究数字化转型核心难点，以能源电力数字化转型为主线贯穿始终，选取国内外有代表性的 20 多个能源电力企业作为研究对象，从战略、管理、技术、业务、运营开展综合分析，梳理了各企业特色亮点，并挑选其中有特色的典型重要案例进行详细分析，对重点案例按 3 年为一期进行滚动分析。本报告更加聚焦能源电力企业数字化转型实践情况分析，将数字化新发展形势与能源经济痛点需求紧密结合加以改进。在专题篇提出成熟度和能源数字经济新型衡量两个专题研究，开展转型成效评估，研究并提出能源数字经济衡量理论与模型。

开展能源电力企业数字化转型的研究，不仅是探索传统企业数字化转型的道路，也是为工业经济和数字经济深度融合寻找路径。能源电力企业的数字化转型道路并非一帆风顺，有很多值得关注和持续突破的急流险滩，但因其作为典型的传统工业企业，经验反而更具普遍性的借鉴意义。我们由衷地希望这份仍显仓促的报告，在引起能源电力行业同仁们关注的同时，能激发共同的思考，以此凝聚更多的共识，用智慧的光芒，为能源数字经济新时代照亮前程。

　　本报告共分为三篇，综合篇由李心达、高洪达、陈光主笔，案例篇由高洪达、刘键烨、尹莞婷主笔，专题篇由尹莞婷、王玓、李心达主笔。全书由李心达、高洪达统稿，由郑厚清、孙艺新、贾德香指导和校核。

　　限于作者水平，虽然对书稿进行了反复研究推敲，但难免仍会存在疏漏与不足之处，恳请读者谅解并批评指正！

编著者

2020 年 9 月

目　录
CONTENTS

前言

概述 ……………………………………………………………………………………… 1

综　合　篇

1　我国数字化转型年度重要政策分析与启示 …………………………… 6

  1.1　促进平台经济规范健康发展 ……………………………………… 8

  1.2　积极推进数字产业化、产业数字化 …………………………… 10

  1.3　推进"上云用数赋智"行动 ……………………………………… 11

  1.4　构建完善的要素市场化配置体制机制 ……………………… 13

  1.5　支持新业态新模式健康发展 …………………………………… 15

  1.6　加快推进国有企业数字化转型工作 ………………………… 17

  1.7　小结 ………………………………………………………………… 18

2　能源电力企业数字化转型进展综合分析 …………………………… 20

  2.1　企业数字化转型理论及分析框架 …………………………… 21

  2.2　数字化转型战略分析 ……………………………………………… 23

  2.3　数字化转型管理分析 ……………………………………………… 25

  2.4　数字化转型技术分析 ……………………………………………… 28

  2.5　数字化转型业务分析 ……………………………………………… 30

2.6　数字化转型运营分析 ……………………………………… 32

2.7　数字化转型亮点分析 ……………………………………… 35

2.7.1　智能零售服务形成零售跨界新模式 ……………… 35

2.7.2　能源大数据中心支撑政府决策和能源行业高质量发展 … 36

2.7.3　电力指数应用支撑疫情防控和经济高质量发展 ……… 39

2.8　小结 ……………………………………………………… 41

案　例　篇

3　国内能源电力企业数字化转型 ……………………………… 44

3.1　案例1：中国南方电网有限责任公司"数字南网"战略 ……… 45

3.2　案例2：中国石油化工集团有限公司数字化战略贯穿
生产全流程 ………………………………………………… 51

3.3　案例3：陕西煤业化工集团有限责任公司依托"煤亮子"
平台推进数字化转型 ……………………………………… 55

3.4　案例4：互联网和科技公司创新推动能源数字转型 ………… 61

3.5　小结 ……………………………………………………… 69

4　国外能源电力企业数字化转型 ……………………………… 71

4.1　案例1：意大利电力公司数字化转型 ……………………… 72

4.2　案例2：法能集团全面推行数字化战略 …………………… 78

4.3　案例3：英国石油公司全新数字化战略转型 ……………… 83

4.4　小结 ……………………………………………………… 87

专　题　篇

5　企业数字化成熟度指数构建及应用 ………………………… 90

5.1　典型企业数字化转型成熟度分析 ………………………… 91

5.1.1　能源行业 ………………………………………… 92

5.1.2　制造业　　　　　　　　　　　　　　　　　　　93

5.1.3　交通运输业　　　　　　　　　　　　　　　　　95

5.2　企业数字化转型成熟度评估模型　　　　　　　　　98

5.2.1　企业数字化转型成熟度评估的内涵及目标　　　　98

5.2.2　国内外数字化成熟度评估理论　　　　　　　　　98

5.2.3　企业数字化成熟度评估框架　　　　　　　　　　102

5.3　能源行业数字化成熟度分析　　　　　　　　　　104

5.4　小结　　　　　　　　　　　　　　　　　　　　110

6　能源数字经济新型衡量模型在能源领域的应用探索　　112

6.1　能源数字经济的内涵与特征　　　　　　　　　　113

6.1.1　能源数字经济的内涵辨析　　　　　　　　　　　113

6.1.2　能源数字经济衡量意义与挑战　　　　　　　　　113

6.2　典型能源数字经济衡量理论方法模型　　　　　　114

6.2.1　能源数字经济衡量理论方法　　　　　　　　　　114

6.2.2　能源数字经济衡量模型及典型应用　　　　　　　118

6.3　小结　　　　　　　　　　　　　　　　　　　　121

附录1　国内外数字化转型大事记　　　　　　　　　　123

附录2　国内外数字化转型相关政策对比　　　　　　　131

参考文献　　　　　　　　　　　　　　　　　　　　133

概　　述

　　能源革命势在必行，数字革命风起云涌，能源电力企业又成功通过了新冠肺炎疫情的考验，在经济有序复苏的节奏中遇到千载难逢的机遇。在此背景下，政府、行业、企业共同加大投资，数据中心、5G技术、充电桩等新型基础设施规模激增，极大夯实了社会数字化的基础条件。在新的发展认识中，数字化转型已成为企业创新发展的重要战略，很多企业已经意识到未来市场的竞争关键是数字化核心能力的构建以及企业数据资源价值的激发。在新冠疫情全球蔓延的2020年，领先的数字化企业已经表现出惊人的适应力和竞争力，鼓舞了能源电力企业加快数字化进程的信心，正在成为能源转型的重要推手。

　　(1) 以数字化为聚合力，推动能源电力企业由单一价值维度向多价值维度发展，逐步打造共建共治共赢能源发展新生态。 数字化让能源电力企业业务和管理在线化，以数据驱动业务和管理水平提升，丰富对外输出能源产品类型，激发能源企业服务属性，更好地适应客户和市场需求。数据拉近了不同能源品类之间的距离，企业之间数据、价值共享通道畅通，进一步推动能源产业共建共创共赢。

　　(2) 以数字化为驱动力，推动能源电力企业由规模型向客户型管理变革，寻求在管理模式、管理组织、管理手段等方面实现新突破。 数字化浪潮在为企业带来巨大商业机遇的同时，也对企业能够与数字化转型相匹配的管理能力提出了要求。企业要将数字化融入管理基因中，根据企业的发展需求，将数字化战略和企业愿景以及业务战略进行有效衔接。敏捷、协同、高效的管理模式能够为企业提供更多效益和活力。灵活、柔性、以人为本的管理组织将为企业实现数字化转型提供有力保障，共享、协同、价值挖掘的数据中台能够为企业赋能，从而凝聚企业发展合力，让企业在数字化转型浪潮中的抢得先机。

　　(3) 以数字化为创新力，推动能源电力企业由传统业务向新型业态拓展，需要在数据业务化、分析价值化等方面作出新改变。 数据让企业与企业、企业与用户、用户与用户之间实现频繁互动，业务在线化、智能化成为业务发展的主要模式。数据已经渗透到企业发展的各个方面，并带动企业由产业生态逐渐过渡到数字生态，为企业高效生产、协同运行、精益管理提供重要支撑。数据技术将数据价值映射到实际需求，以数据价值形式支撑业务运营和管理变革，重塑业务流程和管理模式，推动企业数字化转型和高质量发展。

（4）以数字化为抵御力，推动能源电力企业由向被动式向主动式发展，需要实现线上线下高度协同、快速迭代等重大险情应对机制。疫情期间，全社会能源需求滑坡，让能源电力行业受到前所未有的冲击，而数字化不仅需要能源系统安全、智能的无人生产作业模式推广，也需要广泛开展高效的线上的能源服务。数字化转型在有效保障能源安全供给的同时，也产出更快、更精准的高价值的能源电力数据分析，用渠道更优、内容更精细和更贴近用户痛点的能源服务业务为政府、上下游企业、居民应对灾情、复工复产提供稳定的能源供应和决策参考。

综合篇

1

我国数字化转型年度重要政策分析与启示

目前，我国能源行业改革逐步深入，上下游企业"互联网＋"创新发展，新技术逐步落地，成为引领能源数字化发展的引擎和实现行业提质增效、市场拓展、业态升级的发展新局面。2018—2019年，多项政策的出台为我国数字经济发展以及企业数字化转型夯实了基础；2019—2020年，各项政策从平台经济发展、新业态新模式、产业升级、数据管理机制、数据要素价值等方面提出新的要求，推进我国企业开展数字化转型，明确对企业、对经济发展的重要价值。

国内外数字化转型关键政策如图1-1和图1-2所示。

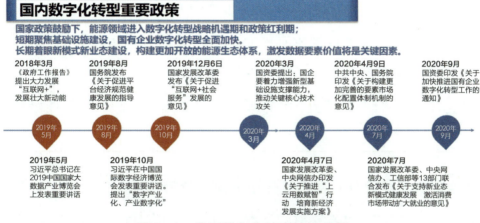

图1-1　我国数字化转型关键政策

图1-2　国外数字化转型关键政策

本章选取了 2020 年度最具代表性且影响深远的政策，从核心内容、重要启示方面开展分析，深入探究各项政策对我国能源电力企业数字化转型的影响。

1.1 促进平台经济规范健康发展

随着"互联网＋"的推进，我国平台经济快速发展，成为新的组织方式和经济发展新动能载体，但也面临一些急需规范的问题。由此，2019 年 8 月，国务院办公厅印发《关于促进平台经济规范健康发展的指导意见》（国办发〔2019〕38 号，简称《平台健康发展意见》），是针对我国平台经济发展趋势、聚焦平台经济发展面临的突出问题，做出的全方位指导和规范化部署。该意见出台的目标是建立健全适应经济发展特点的新型监管机制包容审慎监管，着力营造公平竞争市场环境。

（一）主要内容

《平台健康发展意见》提出了五个方面政策措施，即：优化完善市场准入条件，创新监管理念和方式，鼓励发展平台经济新业态，优化平台经济发展环境，强化平台经济发展法治保障。

大力发展"互联网＋生产"。推动互联网平台与工业生产深度融合，提高互联互通能力，实现跨行业、领域创新服务能力，在实体经济中大力推广应用物联网、大数据，深入推进智能制造和服务型制造，促进一、二、三产业和大、中、小企业融通发展。

深入推进"互联网＋创业创新"。加快打造"双创"升级版，以平台为中心，构建线上线下协同、任务、资源结合共享的创业创新服务体系，支撑中小企业开展技术、产品、管理模式、商业模式等创新。

加强网络支撑能力建设。深入实施"宽带中国"战略，加快 5G 等新一代信息基础设施建设，优化提升网络性能和速率，降低平均资费水平。

优化"互联网＋监管"。重点提出：分领域制定监管规则和标准，在严守安全底线的前提下为新业态发展留足空间；科学合理界定平台责任，加快研究出台平台尽职免责的具体办法；建立健全协同监管机制，积极推进"互联网＋监管"，维护公平竞争市场秩序。

建设标准化环境。加强政府部门与各平台数据共享，提出全国一体化在线政务服务平台、全国信用信息共享平台、统一电子发票平台三项重点平台的管理、标准化能力建设。

（二）对能源电力企业的启示

《平台健康发展意见》通过外部环境的优化，打造开放共享的健康的能源平台经济模式，可有效提升能源电力企业社会价值输出，有利于能源电力企业克服内生创新动力不足的问题，激发企业创新活力。《平台健康发展意见》对能源电力企业的相关启示如下：

一是能源电力企业要持续强化数字化转型顶层设计，构建适应于平台经济的战略级竞争力。通过顶层设计推动企业由能源供应商向综合能源服务商转变，打造以数据为牵引的价值创造模式，需要从企业的战略先进性、业务创新性、技术竞争力、资源可持续性保障方面开展设计。

二是政企联合开展能源大数据开放应用，打造共建共享数字生态是实现社会价值的必然选择。能源公共服务领域，以能源电力企业的大数据融合应用赋能社会发展为目标，必然需要在政府的要求下，**打造兼顾开放性和安全性的平台**，制定数据分级分类管理制度、疏通数据开放共享渠道。在海量数据管理需求下，应引入大数据和人工智能技术等技术手段提高智能化监管能力，实时解决平台发展中产生的问题，对企业、社会组织等监管主体的开展内部创新和自我监管提供借鉴。

三是打造多样化的特色商业模式，以平台运营吸引社会资源，推进创新项目的合作孵化。打造数字能源、数字运营、智慧车联网、智慧城市等新的商业模式，以平台运营吸引社会资源推进创新项目的合作孵化，充分释放能源数字平台的连接、融合、重塑作用，使能源产业的内在协同价值不断放大，激励企业上下游参与创新。

四是在政企联合扶持下，能源企业数字化转型将呈现多点开花的趋势。《平台健康发展意见》的出台从思维解放、路径指导、打造外部环境方面指导了传统企业向平台型的发展，破除传统行业平台建设的外部阻力，并将在下一步推动能源企业发展中持续深化政企合作，注重内部驱动力的建设，推动能源平台向运营标准化、资源开放化、业务特色化的总体方向迈进。

1.2 积极推进数字产业化、 产业数字化

2019 年 10 月，习近平总书记在给 2019 中国国际数字经济博览会的贺信中指出："中国正积极推进数字产业化、产业数字化，引导数字经济和实体经济深度融合，推动经济高质量发展。"

（一）主要内容

习近平指出，当今世界，科技革命和产业变革日新月异，数字经济蓬勃发展，深刻改变着人类生产生活方式，对各国经济社会发展、全球治理体系、人类文明进程影响深远。

习近平强调，中国高度重视发展数字经济，在创新、协调、绿色、开放、共享的新发展理念指引下，中国正积极推进数字产业化、产业数字化，引导数字经济和实体经济深度融合，推动经济高质量发展。希望与会代表深化交流合作，探讨共享数字经济发展之道，更好造福世界各国人民。

（二）对能源电力企业的启示

产业数字化与数字产业化将拓宽企业发展视野，实现不同行业企业之间的价值连接。对能源电力企业的相关启示如下：

一是产业数字化将激活能源电力企业服务潜力和效率效益。产业数字化能够使企业更贴近设备，以数据支撑企业提供高质量的能源生产，加速产品服务迭代，满足并引导用户和市场需求。

二是数字产业化将推动能源产业共建共创共赢，推动能源电力企业创新发展。数字产业化将能进一步丰富单个企业的资源类型，促进生源生态建设，使整个行业共同发展，让企业更好、更快地适应市场。

三是能源电力领域应夯实数字化发展基础。5G、人工智能等新技术与现有能源电力系统技术的深度融合，夯实了能源电力企业数字化发展的重要技术基础，促进了能源大数据中心、充电桩等融合基础设施的全面升级，实现了能源电力系统与通信系统的高效互动。

四是能源电力产业升级要重视前沿技术攻关。能源电力企业可针对国家科技发展痛点，在新一代人工智能、芯片等关键前沿技术开展大力投入，助力国家开展攻关，助力高端工业机器人等领域的发展，深化人工智能技术在能源生产、服务、企业管理等领域的应用。

五是能源电力领域应重点推动能源公共服务数字化转型。能源产业转型与社会治理、能源治理以及民生保障息息相关，应鼓励能源互联网、能源大数据中心等一批新型数字化基础设施的建设发展，开展更优质、更主动的能源公共服务。

1.3　推进"上云用数赋智"行动

为充分发挥技术创新赋能作用，抗击疫情、做好"六稳"工作，进一步加快产业数字化转型，培育新经济发展，助力构建现代化产业体系，实现经济高质量发展，国家发展改革委、中央网信办研究制定了《关于推进"上云用数赋智"行动　培育新经济发展实施方案》（发改高技〔2020〕552号，简称《"上云用数赋智"行动方案》），并于2020年4月7日正式印发。

（一）主要内容

《"上云用数赋智"行动方案》明确六个主要方向工作：一是筑基础，夯实数字化转型技术支撑；二是搭平台，构建多层联动的产业互联网平台；三是促转型，加快企业"上云用数赋智"；四是建生态，建立跨界融合的数字化生态；五是兴业态，拓展经济发展新空间；六是强服务，加大数字化转型支撑保障。

《"上云用数赋智"行动方案》提出五个方面的举措： 一是服务赋能：推进数字化转型伙伴行动；二是示范赋能：组织数字化转型示范工程；三是业态赋能：开展数字经济新业态培育行动；四是创新赋能：突破数字化转型关键核心技术；五是机制赋能：强化数字化转型金融供给。

以"上云用数赋智"为数字化转型重点突破口。《"上云用数赋智"方案》聚焦我国数字经济发展的短板和瓶颈，瞄准企业发展需求，尤其是小微企业开展数字化转型的难点、痛点和堵点，以"上云用数赋智"为重点突破口，有的放矢，为广大企业开展数字化转型提供精准扶持和政策保障。

（二）对能源电力企业的启示

一是为能源电力企业开展数字化转型提供了方向指引。《"上云用数赋智"行动方案》提出"打造数字化企业""构建数字化产业链"和"培育数字化生态"三大发展目标。能源电力企业需以此为指引，加快推进数字化转型，打通能源产业链上下游企业数据通道，促进能源行业全渠道、全链路供需调配和精准对接，以能源数据供应链引领能源物资链，促进能源产业链高效协同，有力支撑能源产业基础高级化和能源产业链现代化。

二是在技术研发、资源共享等方面为企业数字化转型提供重要支撑，能源电力企业开展数字化转型的综合成本将大幅降低。技术研发方面： 一方面，能源电力企业可以积极争取大数据、人工智能等数字化技术在能源领域的试点应用；另一方面，能源电力企业自身开展的具有公共属性、行业属性的共性开发平台、共性解决方案、基础软硬件将得到国家大力支持，数字化技术的研发和应用成本大大降低。**资源共享方面：**《"上云用数赋智"行动方案》提出，"鼓励传统企业与互联网平台企业、行业性平台企业、金融机构等开展联合创新，共享技术、通用性资产、数据、人才、市场、渠道、设施、中台等资源，探索培育传统行业服务型经济。"能源电力企业开展数字化转型能够利用的社会资源将极大扩展。

三是为了推动"上云用数赋智"政策尽快落地，能源电力企业需要积极构建"生产服务＋商业模式＋金融服务"跨界融合的能源数字生态。**积极打造开放、透明的平台运营模式。**推动多站融合、电动汽车充电网等数字基础设施等资源的开放，带动利益相关方资源共享；统一各个平台的用户 ID 和设备 ID 的数据标准，明确合法合规的跨平台数据流动利益分成机制，构建数据按需交互、业务一体化联动的能源互联网平台集群；加强在企业能效管理、电能供需匹配等生产性服务领域的数字化转型，基于云平台实现对共性业务环节数字化模式的固化与沉淀，打造能源电力行业底层的数字化公共服务。**打造跨界创新应用场景，探索可持续的共赢型商业模式。**以企业自身积累的用户资源和平台的天然优势作为主链，建立面向多元化需求的基础及增值服务产品体系。对内通过众包众创机制鼓励创新，对外建立合理的利润分成机制，增强平台的服务能力；提升企业的数据分析挖掘能力，丰富数据增值服务场景设计，对于设备运维、能效管理等行业优势产品实行订阅增值服务。**探索建立产融结合模式。**将电力金融作为模块化业务嵌入到综合能源服务、新能源云网等平台型业务中，拓展数据获取来源，提升金融服务质量，提升金融服务的普惠性，降低利益相关方获取资金的门槛；深挖大数据应用在金融服务产品创新方面的作用，面向中小微企业实际需求，打造能源大数据＋保险、能源大数据＋租赁等多元化能源金融服务产品。

1.4　构建完善的要素市场化配置体制机制

2020 年 4 月 9 日，中共中央、国务院正式印发《关于构建更加完善的要素市场化配置体制机制的意见》（简称《要素市场化意见》），这是中央第一份关于要素市场化配置的文件。《要素市场化意见》的一大亮点是再次确认了数据的生产要素属性，并将数据与土地、劳动、资本、技术等传统生产要素并列，对于我国完善社会主义市场经济体制、推进要素领域改革、促进数字经济加快发展具有重要意义。

（一）主要内容

《要素市场化意见》要求，推动要素配置依据市场规则、市场价格、市场竞争实现效益最大化和效率最优化，并分类提出了土地、劳动力、资本、技术、数据五个要素领域改革的方向，明确了完善要素市场化配置的具体举措。**尤其是针对数据要素**，《要素市场化意见》提出推进政府数据开放共享、提升社会数据资源价值和加强数据资源整合和安全保护。

（二）对能源电力企业的启示

一是《要素市场化意见》要求推进政府数据开放共享，能源电力企业获取公共数据将更加便捷，也面临着加快内部数据开放的压力。数据开放共享是数据要素市场建设的重要前提。《要素市场化意见》要求推进政府数据开放共享，并加强企业登记、交通运输、气象等公共数据开放和数据资源有效流动。能源电力企业今后获取公共数据将更加便捷，能源数据分析与应用将走向更大关联、更广应用，能源电力数据的价值和成长空间会成倍增长。此外，《要素市场化意见》虽只要求政府推进数据开放共享，但不排除未来要求能源企业的内部数据也逐步向社会开放共享。

二是《要素市场化意见》要求提升社会数据资源价值，能源电力企业开发能源电力类数据产品和服务面临着长期、潜在利好。《要素市场化意见》要求提升社会数据资源价值，不断培育数字经济新产业、新业态和新模式以及加强数据资源整合、丰富数据产品。数据资本化进程有望提速，数据交易会越来越普遍，交易规模也将日益扩大。此外，政府还可能以政府购买的形式加大向社会采购数据产品和数据服务。能源电力企业开发能源电力类的数据产品和数据服务面临着长期、潜在的利好。

三是《要素市场化意见》要求规范数据管理、加强数据安全保护，能源电力企业在加大数据开发、开放、共享的同时也担负着加强数据管理、保证数据

安全的重任。《要素市场化意见》提出建立统一规范的数据管理制度，制定数据隐私保护制度和安全审查制度，完善数据分类分级安全保护制度，加强对政务数据、企业商业秘密和个人数据的保护。能源电力企业有必要对已有的数据管理制度体系进行全面梳理，查漏补缺，继续完善，同时加强对数据安全前沿技术和设备的引进与应用，在推进能源电力数据开发、开放、共享的同时，也要做好数据管理，确保数据安全。

1.5 支持新业态新模式健康发展

2020 年 7 月 15 日，国家发展改革委、中央网信办、工业和信息化部等 13 个部门联合印发《关于支持新业态新模式健康发展，激活消费市场带动扩大就业的意见》（简称《新业态新模式意见》）。当前，我国新业态新模式快速涌现，在助力疫情防控、保障人民生活、对冲行业压力、带动经济复苏、支撑稳定就业等方面发挥了不可替代的作用，成为推动我国经济社会发展的新引擎。

（一）主要内容

《新业态新模式意见》针对转型问题提出三大要求。一是把支持线上线下融合的新业态新模式作为经济转型和促进改革创新的重要突破口；二是从问题出发深化改革、加强制度供给，更有效发挥数字化创新对实体经济提质增效的带动作用，推动"互联网＋"和大数据、平台经济等迈向新阶段；三是以重大项目为抓手创造新的需求，培育新的就业形态，带动多元投资，形成强大国内市场，更好地满足人民群众对美好生活的新期待，推动构建现代化经济体系，实现经济高质量发展。

《新业态新模式意见》提出加快发展四个方面 15 大数字经济新业态、新模式。一是积极探索线上服务新模式，激活消费新市场；二是加快推进产业数字化转型，壮大实体经济新动能；三是鼓励发展新个体经济，开辟消费和就业新空间；四是培育发展共享经济新业态，创造生产要素供给新方式。主要目的是解决和消除我国数字经济新业态新模式发展过程中面临的诸多制约因素，为数字经济进一步发展营造良好的外部环境。

（二）对能源电力企业的启示

一是农村能源市场将是收入和利润新的巨大增长点。"三农"（农业、农村、农民）问题一直是中共中央高度关注的重点议题，农村能源是我国能源体系的重要组成部分，是助力乡村产业、实现乡村振兴的重要基础性支撑。中共中央在《乡村振兴战略规划（2018－2022年）》中提出"构建农村现代能源体系"，《新业态新模式意见》进一步提出培育农村消费新业态，能源电力企业需要重视和加强对规模巨大的农村能源市场的开发利用，使其成为企业新的收入来源和利润增长点。

二是打造央企科研资源共享新动力。《新业态新模式意见》提出打造共享生产新动力，鼓励企业开放平台资源，共享实验验证环境、仿真模拟等技术平台，充分挖掘闲置存量资源的应用潜力。能源电力企业中尤其是其中的央企、国企，拥有专业的实验室、仿真模拟技术平台，其中部分资源的利用效率尚有提升空间。如果将这部分科研资源对社会开放，一方面能够为能源电力企业增加一部分收入和利润；另一方面，盘活了闲置的科研资源，能够显著提升社会资源配置水平。

三是能源数据的对外开放、对内共享机制建设将加快加深。针对数据要素的发展问题，《新业态新模式意见》在2020年4月9日出台的《关于构建更加完善的要素市场化配置体制机制的意见》的基础上进一步提出了细化要求，要求激发数据要素流通新活力，推动构建数据要素有序流通、高效利用的新机制，推动人口、交通、通信、卫生健康等公共数据资源安全共享开放，加快全国一体化大数据中心体系建设，建立完善跨部门、跨区域的数据资源流通应用机制，强化数据安全保障能力，优化数据要素流通环境等。能源电力数据对内共享、对外开放的紧迫性进一步提升，亟须加快加深对内共享、对外开放机制建设。

1.6　加快推进国有企业数字化转型工作

2020 年 9 月 21 日，国务院国有资产监督管理委员会（简称国资委）印发《关于加快推进国有企业数字化转型工作的通知》（简称《国企数字化转型通知》），提出加快新型基础设施建设，落实党中央、国务院关于推动新一代信息技术与制造业深度融合，打造数字经济新优势等决策部署，促进国有企业数字化、网络化、智能化发展，增强竞争力、创新力、控制力、影响力、抗风险能力，提升产业基础能力和产业链现代化水平。

（一）主要内容

《国企数字化转型通知》要求充分发挥国有企业新基建主力军优势，积极开展 5G、工业互联网、人工智能等新型基础设施投资和建设，形成经济增长新动力。《国企数字化转型通知》从六个方面提出了重要部署：一是提高认识，深刻理解数字化转型的重要意义；二是加强对标，着力夯实数字化转型基础；三是把握方向，加快推进产业数字化创新；四是技术赋能，全面推进数字产业化发展；五是突出重点，打造行业数字化转型示范样板；六是统筹部署，多措并举确保转型工作顺利实施。

（二）对能源电力企业的启示

一是能源电力企业在数字化转型方面的积极探索得到中央充分肯定，成为央企数字化转型引领者。能源电力企业正在建设的"数据中台""业务中台"等新型 IT 架构以及正在开展的能源互联网、车联网等业务得到社会充分认可，这将坚定能源电力企业推进数字化转型的信心，进一步激发能源电力企业开展数字化业务创新和产品创新的积极性。

二是数字化转型具有艰巨性、长期性、系统性等特征，能源电力企业需要做好打数字化转型"持久战"的各项准备工作。在思想认识方面，积极开展创新大赛、成果推广、树标立范、交流培训等形式的活动，营造数字化转型的企业文化。**在体制机制方面**，要加快建立并完善有助于实现数字化转型的各类闭环管理机制，使数字化转型可跟踪、可评价、可考核。**在顶层设计方面**，要加快企业数字化治理模式、手段、方法升级，制定企业数字化转型专项规划。**在资源保障方面**，要建立数字化转型专项资金，加快培育高水平、创新型、复合型数字化人才队伍，健全薪酬等激励措施，完善配套政策。

三是聚焦能源互联网发展是对能源领域的重大利好信号。《国企数字化转型通知》提出聚焦能源互联网建设发展，在能源互联网的建设中，已经包含有与之配套的创新中心、联合实验室、智能调度中心、大数据中心等平台化设施以及敏捷化的新型数字化组织，具备引领多能源协同发展的重要作用。

四是以技术促进能源内部系统优化以及对外开展数字服务重点方向。《国企数字化转型通知》对能源电力企业正在开展的能源系统技术优化和在内外数据服务方面的能源数据监测、大数据分析布局等方面给予了充分肯定，后续将有针对性地推进数据质量管理、数字化转型诊断对标、生产现场等体系建设。在对外服务方面，有利于能源领域发挥带动力，加速产业链上下游及各行业的创新应用场景落地。

1.7 小结

国家政策鼓励下，能源领域进入数字化转型战略机遇期和政策红利期。多项政策以"互联网＋"、能源数据应用、能源业务模式为重点方向，对企业生产要素的供给方式进行创新，对能源消费市场的潜力进行激活，对传统能源企业的僵化结构进行改革，更重要的是培育能源电力企业新动能，降低企业开展数字化转型的门槛，针对性地解决数字化转型的核心难点。

短期聚焦基础设施建设，国有企业数字化转型全面加快。为发挥国有企业在产业链的覆盖规模优势与运营经验优势，国家鼓励开展构建数据中心、智能设备等新型基础设施建设，全面夯实全产业链数字化发展基础，进一步要求国有企业加快实现数字化转型，形成普惠效应。

长期着眼新模式新业态建设，构建更加开放的能源生态体系。新业态新模式的本质是改变中国的经济产业布局和生产消费模式，使需求侧与负荷侧具备高度开放的特性，推动中国能源行业体制的变革，提高中国能源行业的整体开放程度，在能源互联网领域着力推进能源互联网多元化、规模化发展。

激发数据要素价值将是关键因素。中央对数据本质的认识和对数据作为生产要素属性的认可经历了一个逐步深入、反复确认的过程，这也反映了数据在我国经济社会中的地位和作用日益提高。数据真正融入了生产过程和价值创造过程。

2

能源电力企业数字化转型
进展综合分析

本章对中国南方电网有限责任公司（简称南网）、中国石油化工集团有限公司（简称中石化）、中国石油天然气集团有限公司（简称中石油）、国家能源投资集团有限责任公司（简称国能投）、英国石油公司（British Petroleum，BP）、东京电力公司、西班牙电力公司、意大利国家电力公司（简称意大利电力公司，ENEL）等20多家能源电力相关企业进行调研，从一年多来数字化转型的战略、管理、技术、业务和运营五个方面进行分析，挖掘数字化转型的路径、模式、成效、存在的困难及亮点案例，以期对我国能源电力企业数字化转型提供借鉴及参考。

2.1　企业数字化转型理论及分析框架

企业数字化转型在不同领域理解各有侧重。综合多方观点，数字化转型可以定义为：企业数字化转型是以数据为核心要素，融合运用数字技术，重构管理模式、业务模式、商业模式、治理形态、文化理念的系统性变革过程。

企业数字化转型是一项系统工程。必须从相关概念关系、发展阶段、实施步骤、模式等方面来全面认识理解企业数字化转型。企业数字化转型涵盖了从信息化、网络化、数字化、智能化到智慧化的动态全过程，数字化是在信息化之上的进一步延伸发展，深入业务和数据的融合创新，智能化强调人与系统的联接和交互，智慧化则是数字化转型的高级阶段和最终目标。

企业数字化转型主要分为四个阶段。参照国资委、国际数据公司（International Data Corporation，IDC）等相关观点，传统企业数字化转型可总结为单一应用、综合集成、全局优化、价值共创四个阶段，通过数据、技术、知识不断沉淀和创新，业务不断优化和重构，最终进入价值共创新阶段。单一应用面向各个业务领域研发单项应用，数据和系统未实现有效连接。综合集成打破信息孤岛，促进不同层面互联互通，实现业务和数据的融合，多方协作。全局优化在企业内部完全实现数字化，并通过数据实现产业链上下游的深度连接，实现产业链协同。价值共创业务模式和技术发生革命性变革，企业、行业、产业之间互联互通，新型数字生态逐步建立。

企业数字化转型主要包括四种模式。国内外能源电力企业数字化转型路径明显不同，通过对国内外知名能源电力企业数字化转型案例的综合分析，企业数字化转型驱动模式可归纳为客户服务、成本控制、流程透明、共建共享四种路径：客户服务驱动模式以客户需求驱动业务数字化转型升级；成本控制驱动模式以成本压力倒逼企业提高数据资源利用效率；流程透明驱动模式以业务全流程数字化推进管理运营变革；共建共享驱动模式以数据驱动的开放合作和跨界创新重塑产业生态。

能源电力行业数字化转型分析框架。依据能源电力行业特点，提出能源电力企业数字化转型的分析框架。一个目标：打造具有数据驱动的战略谋划能力，企业级数据赋能能力，现代化数字产业创新能力的能源电力企业；四种模式：客户服务，成本控制，流程透明和共建共享模式；五个转型重点：**战略、管理、技术、业务和运营**。以此共同构成数字化转型的分析框架如图 2-1 所示。

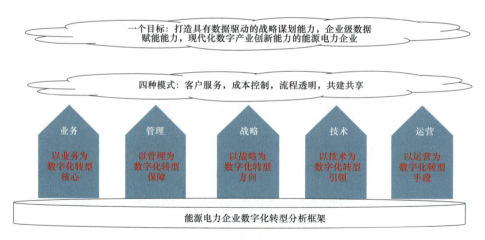

图 2-1　能源电力企业数字化转型分析框架

分析能源电力企业数字化转型主要从框架的五个转型重点展开，针对四种模式深入分析实践案例的特色。

2.2 数字化转型战略分析

近一年多以来，国内外大部分能源电力企业均根据自身业务及发展情况作出各具特色的数字化转型实践，其转型重点主要落实在建设数字基础设施、推进业务数字化、发掘数字业务化、加强数据资产管理、创新数字技术、加强数字网络安全防护六大领域。

（一）国内外主要能源电力企业均持续推进数字化转型相关战略

有些企业选择直接提出数字化转型相关战略，另外有些企业选择将数字化转型与已有战略相结合，对其现有战略进一步深化和升级。

电力企业正积极全面推进数字化转型战略。2019年5月，南网发布《公司数字化转型和数字南网建设行动方案（2019年版）》，明确提出"数字南网"建设，将数字化作为南网发展战略路径之一。根据意大利电力公司2020—2022战略计划，今后三年，意大利电力公司将投入118亿欧元用于电网的持续数字化和自动化，以增强电网弹性，确保服务质量。东京电力公司判断日本电力行业将呈现包含数字化在内的5D发展的新趋势，着力构建公用事业3.0，开始新一轮转型。法国能源集团（ENGIE）推出了一项为期3年的战略转型变革计划，将数字技术置于集团所做的一切工作的核心，通过开发数字化旗舰项目加强数字技术创新。美国Opower家庭能源数据分析公司利用其云数据平台，结合大数据方法和行为科学理论，签下了来自北美、欧洲和亚洲9个国家的95家公用电力公司，为家庭用户发出个性化电力账单。

石油企业也正全力推进数字化转型战略。中石油提出，更加注重数字化转型和智能化发展，切实提升企业成长性和价值创造能力，到2030年建成世界一流综合性国际能源公司。德国意昂集团（E.ON）近年来确定了"服务客户、重塑市场"的发展战略，推动企业的数字化发展和业务转型，进行组织架构的彻底性变革。中石化提出全产业链数字化改革策略，从油田数字化改造、管道数字化管理、炼厂数字化建设、加油站数字化服务四个方向推动数字化转型。2020年8月，BP提出了全新的数字化创新转型发展战略，从一家专注于生产资源的国际石油公司转变为一家专注于为客户提供解决方案的综合能源公司。贝克休斯（中国）油田技术服务有限公司（Baker Hughes，简称贝克休斯）通过并购重组，接受通用电气的数字化转型理念，依托 Predix 工业互联网平台，迅速成为全世界第一家也是唯一一家全领域数字化油气工业公司。

煤炭企业积极推进核心业务数字化转型战略。山西潞安矿业集团有限责任公司（简称潞安集团）提出以数字化技术、清洁化技术为切入点，着力强化主业的核心能力，实现煤炭主业高质量发展。陕西煤业化工集团有限责任公司（简称陕煤集团）提出传统优势产业数字化转型是大势所趋，要以智慧矿山、数字化车间、智能化工厂为切入点，通过"机器换人"、智能化改造实现创新。兖矿集团有限公司（简称兖矿集团）启动"三化"（自动化、信息化、智能化）建设三年攻坚行动，加强与 IBM、SAP 等公司的合作，加快实施大数据工程总体规划及 ERP 全覆盖项目，建设数字兖矿、共享兖矿、智慧兖矿。斯伦贝谢（Schlumberger）公司对业务进行调整重组，重组后的新四大业务部门以"数字与集成"部门为引领，数字技术和数字业务在斯伦贝谢被提升至前所未有的地位。

（二）能源电力企业数字化转型重点相似但转型路径各具特色

虽然电力、石油、煤炭各有行业特色，但综合而言，国内外能源电力企业数字化转型重点类似，转型路径呈现明显不同。

以行业而言，国内外能源电力企业数字化转型呈现明显的数字化转型模式，不同模式驱动产生不同的数字化转型战略。

电力企业现阶段数字化转型的重点和目标是促进清洁消纳、实现能源变革深入推进、加快发输配电基础设施数字化升级，聚焦客户个性化高品质、清洁化交互性的能源需求，深入发展数字化业务，主要为客户服务和流程透明驱动模式；煤炭企业现阶段数字化转型的重点和目标是利用数字化技术实现煤炭清洁化利用、煤炭深加工，利用数据平台及工业物联网实现坑口发电拓展、大客户售电等业务，推动碳捕获、氢能等技术，主要为成本控制和共建共享模式；油气企业现阶段数字化转型的重点和目标是以数字化技术支持油气垂直一体化业务发展，并利用终端数字化网络和客户资源数据优势拓展油气直销等业务，主要由客户服务和成本控制转型模式驱动。

以产业链而言，能源服务商对于数字化转型的战略定位比能源生产商更加突出。

多数能源生产企业将数字化转型战略作为其整体战略的一部分，如兖矿的自动化、信息化、智能化战略，BP 的低碳数字化战略。还有一部分能源生产商将数字化转型战略作为二级子战略，如中石化并未在其整体战略中提到数字化转型，但是在可持续发展战略中，详细论述了数字化转型的路径。

以各企业而言，国内外能源电力企业根据自身业务及发展情况提出了各具特色的数字化转型战略路径。

以石油行业为例：中国海洋石油集团有限公司（简称中海油）更加注重海上石油平台的数字化基础设施建设，对数据的传感采集方面较为看重；中石油更加注重油田的数字化升级改造和油气管网智能机器人，基于历史石油生产大数据支撑油气开发，利用管道机器人完善油气管道的检修隐患治理；而中石化则更加重视智慧炼厂、数字加油站等油气下游业务的数字化转型方向，实现油气炼化的一体化生产调度，打造集人、车、生活为一体的综合型数字化服务驿站。

2.3　数字化转型管理分析

部分能源电力企业将数字化转型作为一把手工程，并加强相应的组织机构调整和人才部署来适应数字化转型，构建能源生态成为国内外能源电力企业推进数字化转型关键举措的共识。

（一）部分国内外能源电力企业将数字化转型作为一把手工程

数字化转型是一个庞大的工程，可以比作"让大象起舞"，如何深化，对数字化转型的认识是成功的关键。

电力企业。2019 年，南网将数字化作为公司战略转型的重要路径，其数字化转型由其高层领导直接推动。2020 年，国家电网有限公司对数字化转型的重视程度明显加强，将数字化转型作为推动企业战略落地的重要抓手，提出不只是管理者、专业化的人才，全体员工都要拥抱全新的思维方式来迎接数字化挑战。

煤炭企业。兖矿集团将数字化转型作为一把手工程来推动，强有力的愿景创造出强大的变革动力，集团几乎所有企业、部门、管理者、员工都参与到数字化变革的设计中。陕煤集团通过对产业链上多方主体基于数据使用权的有效管理，实现对煤矿、维修厂、设备厂等不同主体的数据应用服务，如库存数据，通过监管仓共享应用，帮助产业解决库存成本高、设备配套应急能力差的问题。

石油企业。BP、意大利国家碳化氢公司（Ente Nazionale Ldrocarburi，EI）、马来西亚国家石油公司、挪威国家石油公司等由集团公司或上游公司的首席执行官担任数字化业务负责人，有宏大的转型愿景，其多与战略伙伴合作，如 BP 和美国通用电气公司（General Electric Company，GE）合作、挪威国家石油公司和埃森哲公司合作，这些公司更关注长远目标。埃克森美孚、沙特阿美石油公司等由职能单元牵头数字化转型，数字化业务负责人通常是职能单元的领导，如主管钻井或生产的总裁等，由分散的职能部门驱动进步，进行轻度整合。

（二）国内外能源电力企业大都进行了组织架构和人才计划调整进行数字化转型

数字产业化、产业数字化成为趋势。要在数字时代有所作为，更大的挑战是，当企业的生产、供应链管理、安全等部门都数字化之后，企业也需要通过适当的组织架构和人才调整来适应数字化转型。

电力企业。南网进行总部组织机构优化调整，设立数字化部，作为南网数字化转型的牵头职能部门，负责数字南网建设总体管理和顶层设计。意大利电力公司通过实施基于"业务/地理位置"的矩阵式管理方案，目前形成了"全球电力、全球基础设施和网络、全球贸易、Enel X"四大业务部门，大规模推进数字化改造，从生产型组织向服务型组织转变。东京电力公司成立东电能源伙伴公司，下设创新业务公司专门负责新业务的开拓，同时设有开放创新平台，面向全球征集创新技术和创新方案。

石油企业。BP 根据业务规模的扩大和国际化进程的发展，及时调整组织结构，运营模式经历了从高度集中化管理到强调本地化响应，再到回归以业务为主线的集中管理模式的数次演变。2019 年初，埃克森美孚为确保上游增长策略的顺利推进，对上游组织机构进行了重组，将原来的勘探公司等 6 家专业公司重组为 3 家新的上游公司，即上游油气公司、上游业务开发公司和上游综合解决方案公司。

煤炭企业。兖矿集团成立大数据工程领导小组，由董事长、总经理任组长，设置专职 CIO，积极构建"1233"架构体系："1"即 IT 基础设施层；"2"即 IT 治理、安全两个保障体系；"3"（第 1 个）即物联网、大数据和主数据三个核心平台；"3"（第 2 个）即生产、经营和决策三个业务应用云。国家能源集团成立以集团公司主要领导为组长的智慧企业建设领导小组，颁布了《集团公司智慧企业建设指导意见》，目前已完成"职能部门＋产业平台＋服务中心"组织模式的总部机构整合。陕煤集团启动"万人计划"、创办陕煤思创学院、实施青年干部"百人工程"，为打通引才、育才、用才奠定基础。

（三）平台生态建设成为国内外能源电力企业推进数字化转型关键举措的共识

能源行业也要面对这场数字化转型中的"平台战争"，数字时代，大家都希望把自己的"乌龟壳"越做越大。平台生态建设的思路使得几乎所有的能源企业均朝着"共建共享"的数字化转型路径发展。

电力企业。国家电网公司提出建设能源互联网，实现电力系统各环节的万物互联，形成共建共治共享的能源互联网生态圈。东京电力公司将电网与水网、气网、交通网等其他基础网络设施充分交互，形成能源市场管理平台、网络基础设施集成和数据平台、能源消费侧综合能源服务平台三大平台。

煤炭企业。兖矿集团以兖矿信息技术公司、北斗天地股份公司为依托，通过上百场打破组织、打破层级的现场调研，找出管理的痛点难点，并以问题为导向，研究形成主数据、大数据、物联网、煤炭工业App、调度决策、行业生态六大数据平台，规划了未来5年集团数字化变革应用架构蓝图。

石油企业。中石化建成涵盖经营管理、生产营运、信息基础设施和运维的三大信息化平台，并开展石化云、智慧工厂的试点建设，重点推进"421工程"建设，运用新技术、新理念、新模式，完成经营管理、生产营运、客户服务、技术支撑平台的建设，构建标准化和信息安全两个体系，建立一套数字化管控机制。

2.4 数字化转型技术分析

综合来看，"大云物移智链"等数字技术已经在数字化方面发挥了积极作用，技术研发方向、研发内容、应用场景也随之不断迭代更新。在能源电力企业数字化转型的各个环节，数据作为生产要素被明确提出，数字技术成为新价值创造模式中的生产工具。

（一）国内外主要能源电力企业均持续加强数字化技术研发及应用

电力企业。美国杜克能源公司通过推广智能自愈技术，提供综合性的状态监测解决方案，自动识别断电情况，依托智能控制迅速重新调整减少客户停电次数，使受断电影响的客户数量减少75%；意大利电力公司通过人工智能、3D建模等现代数字技术不断增强电网灵活性，大规模部署第二代智能电能表，基于 IoT、自动化技术建设远程管理系统。

石油企业。中石油通过技术创新研究开发了一批具有自主知识产权的专有、适用技术，广泛推广新技术和新工艺。中石化提出采用"数据＋平台＋应用"架构，通过部署勘探开发数据库、ProMACE 平台和业务服务组件，上线运行油气藏动态管理、单井管理、管网管理等 7 类应用；德国意昂集团投资了多家能源管理软件公司，进行需求响应和虚拟电厂管理平台开发及相关技术研发，通过平台实现用户侧各类灵活性资源的有效整合利用；壳牌集团通过云计算和 SaaS 服务搭建软件服务平台，为其线下"壳保养智慧门店"数字化转型升级提供连接消费者的数字化平台，构建自由数据资产。

煤炭企业。2020 年，潞安集团"精准定位系统＋MOS 大数据平台＋智能化采掘工作面"智能化矿井建设初具规模，通过智能控制、精准定位系统与透明地质平台、安全监控等系统结合，实现了煤炭开采过程中各系统之间的相互关联和数据共享，及时发现问题并预警应对。兖矿集团的目标是建成数字兖矿、共享兖矿、智慧兖矿，构建集中统一的智慧运营管控、数据增值服务、人工智能创新平台，并在此基础上形成一批智能矿山、智能化工园区和智能制造工厂。

（二）能源电力企业数字化技术聚焦于应用"大云物移智链"等，技术革新加速推动数字化转型"流程透明"

综合分析电力、石油、煤炭数字化转型进程中数字技术创新情况，5G、物联网、人工智能、云计算、区块链等数据技术在国内外能源电力企业数字化进程中扮演着重要角色，能够实现降低研发成本、缩短项目周期、提升发展质量。

就行业而言。国内外能源电力企业对于数字化技术的应用方向有明显的区别。

以物联网平台搭建为例，电力企业倾向于利用区块链、物联网等技术打造以电力为中心的物联网平台。东京电力公司、意大利电力公司等正大规模扩展智能电能表覆盖面积，推进二代电能表智能化更新升级，为建成电力物联平台提供基础支撑。中石油、中石化等加快建设能源互联网，从而促进化石能源开发利用，助力清洁能源高效利用，保障能源传输高效运行。煤炭企业将关注点放在智能矿山建设，融合矿山传感、传输网技术、物联网技术等，打造人员感知、环境感知、设备感知互联互通的矿山物联网 M2M 平台，努力提高区域智能化采矿的技术水平，实现矿山生产率和经济效益提高。能源服务商则是用物联网技术为能源电力企业提供更综合的解决方案，针对能源资源灵活应用、增强电网弹性为建设方向，构建连接广泛的能源服务网络及平台。

就技术内容而言，数据分析技术、云计算、数据交互等不同技术间在能源电力企业的应用比例体现出较大差异。

对于数字技术，应用较多的是数据分析相关软件，例如美国 Opower 公司通过自己的云平台和数据整合能力处理其所服务的公用事业公司取得的大量家庭能耗数据，结合"行为科学理论"、房龄信息、周边天气等，运用自己的软件系统进行用能分析，建立家庭耗能档案，并通过综合分析提出节能建议。其次，云计算及云平台搭建，能够针对分布式光伏、分布式储能系统提供更高效的管理支撑，例如电力企业针对分布式光伏的质量安全问题创新建设光伏云网，为分布式光伏产业发展搭建全业务、全流程综合服务平台。另外，能源服务商 Auto Grid 构建了能源数据云平台，凭借其 PB 级的处理能力为电力系统提供更全面、实时的服务。

2.5 数字化转型业务分析

从效益来看，业务数字化可以明显地为企业降低成本，主要由成本控制模式驱动，实现效益提升。从业务模式看，客户服务模式驱动能源电力企业努力挖掘营销网络优势和客户资源优势，增强客户服务及客户体验成为企业数字化转型投资的主要方向。

（一）业务数字化转型成为能源电力企业当前转型的核心任务

当前，产业数字化发展迅猛，业务数字化是产业数字化在企业层面的实践延伸，能源电力企业均大力推动自身业务的数字化转型。数据驱动的能源业务转型升级，已经日益融入能源企业的业务变革，重大创新不断涌现。

电力企业。南网广州供电局探索整合调度、生产运行、客户服务及应急响应信息，推动形成"一张图"，推动营配信息集成2.0建设，全面支撑低压网络的态势感知、运营指挥、主动抢修和主动服务。美国能源公司LO3 Energy与西门子数字电网以及比特币开发公司Consensus Systems合作，建立了布鲁克林微电网——基于区块链系统的可交互电网平台，实现了社区间居民的点对点电力交易。韩国电力公司（KEPCO）利用区块链技术开发名为"未来微电网"的微电网项目通过现有微电网技术的元素与区块链相结合来改善能源基础设施，以提高能源的自立性和效率，并且不会排放温室气体。

石油企业。中石油积极推动大数据在业务中的创新应用，联合美林数据，借助Tempo大数据分析平台打通数据孤岛难题，实现了不同管理部门间生产、设备、物资、规划、科技项目等海量数据的互通融合。埃克森美孚公司、沙特阿美石油公司等国际石油企业积极推动机器人、无人机、无人驾驶车在油气业务中的应用，如油罐清洁机器人、运维机器人、无人监测等创新设备已在生产中运用。

煤炭企业。神华集团有限责任公司（简称神华）全面推动"数字矿山"建设，自主研发了综合智能一体化软件平台，该平台由高度集成共享的生产控制系统和生产执行系统两部分组成，通过生产控制系统采集所有数据，然后由生产执行系统对数据进行综合分析，从而最大化组织安全生产，提高作业人员工作效率，使整个生产执行过程真正实现了数字化和信息化。山西焦煤集团有限责任公司霍州煤电庞庞塔矿与华为技术有限公司（简称华为）合作，完成了井下5G网络的全覆盖，5G井下全覆盖为后续全面的智能化升级奠定了坚实的基础。河南鑫磊集团控股有限公司把人工配煤升级为EI智能配煤解决方案，结合生产实际工况进一步降低生产成本，大大提升市场竞争力。此外，神东煤炭集团有限公司对数字矿山信息化和云数据中心进行改造，以提升系统资源利用率、降低运维成本、增强数据和信息安全，有力支撑了神东集团的数字矿山战略。

（二）能源大数据业务创新应用带来巨大效益

综合来看，能源大数据已深入能源消费的各个环节，电动汽车智能充电、自动换电、分布储能、智能家电、共享出行等新业态不断涌现。能链集团有限公司（简称能链）通过 SaaS 和能源智慧零售集采，实现充电桩和加油站的降本增效。在供给侧，能链将炼厂和电厂在能源产品（如油和电）实现物理空间转移的过程中，以 C2M 模式极大地减少了中间链条，实现效率提升和成本降低。

能源供应商将获得更高的生产力并改善安全性。油气行业长期以来一直重视数据驱动下的业务增长，特别是在上游行业，数据化仍然具有进一步提高运营效率的重大潜力。大数据的广泛应用可以将生产成本降低 10%～20%，包括通过先进的地震数据处理、使用传感器和增强储层建模等。在电力行业，分析表明，大数据创新应用有潜力每年节省约 800 亿美元（约占年发电总成本的5%）。这可以通过降低运维成本、提高发电厂与电网效率、减少意外停机和故障时间以及延长设备运行寿命来实现。

2.6 数字化转型运营分析

综合来看，运营的数字化转型作为能源电力企业的数字化基础设施，在数字化转型中承担着重要的作用。从效果来看，数字化运营优化了运营流程，让能源企业的运营体系更加敏捷高效。成本控制路径在数字化转型运营发展过程中起到关键作用。

（一）平台建设与发展成为能源电力企业运营数字化转型的重点

基本所有的能源电力企业均在建设企业级的数字化运营平台，运营业务的数字化，已经成为能源电力企业的数字化转型的首选项，成为新一代能源企业的数字基础设施。

电力企业数字化运营方面。2019－2020 年，南方电网投资 85 亿元，深度应用基于云平台的互联网、人工智能、大数据、物联网等新技术，实施"4321"建设方案，即建设四大业务平台、三大基础平台、实现两个对接、建设完善一个中心。2020 年计划建成基于南网云平台，以现有资产管理系统、地理信息系统（GIS）等系统的逐步云化、微服务化改造为基础，建设包括数字化规建、智慧供应、数字化生产、数字电网管理、企业管理等功能的企业电网管理平台，实现资产实物管理和价值管理的统一，整合电网规划、设计、施工、设备供应上下游企业资源，构建合作生态。

石油企业数字化运营情况。中石油"梦想云"自建设以来，已在中国石油上游业务成功实践。"梦想云"以"两统一、一通用"为核心，构建了统一数据湖、统一技术平台，通用的油气业务服务中台支撑油气勘探、油气开发、协同研究、生产运行、经营管理、安全环保、工程技术、数字政务 8 大业务应用。数据湖统一管理 53 万口井 600 个油气藏、7000 个地震工区、4 万座站库，数据量共计 1.7PB，横跨 60 多年的数据资产，形成了国内最大的勘探开发数据湖，为上游业务智能化创新奠定了坚实的数据基础。统一技术平台是融合云计算、大数据、物联网、人工智能等技术的自主研发的智能共享平台，支持多语言环境，支持积木式的应用敏捷开发。

煤炭企业数字化运营情况，陕煤集团全力推进煤炭企业运营模式的数字化变更，加快对内传统服务业务的线上化进程，融合"互联网＋"理念，将传统线下服务线上化、数字化，构建灵活多样的经营管理体系，"煤亮子"平台为企业业务战略转型提供了有力支撑。"煤亮子"平台的核心任务是探索"平台化、互联网化"的煤炭产业创新服务，通过集聚产业链各方资源与优化配置，进行交易撮合，提升供需双方交易效率，同时推进企业自身供给侧改革，完善对线下客户注册、身份认证、业务线上申请、订单线上提交、线上电子合同签署等功能模块。

能源服务商情况。能链基于团油 App、快电 App 的十亿级流量基础，推出了能源产业云平台 - 能链云，引入 SaaS、AI 和 AIoT 等技术，构建大数据云系统，实现上游炼厂、油库，中部加油站、充电桩运营商及合作平台，与下游车主的互联互通。能链云构建的大数据云系统，可以帮助加油站、充电场站等实现品牌立体升级，提供集支付营销、零售管理、财务管理于一体的产业云解决方案，同时在油品质量和供应链管理方面提供支持。

（二）数字化运营优化使得能源企业的运营体系更加敏捷高效

能源企业数字化运营的核心在于优化运营流程和故障预测，通过物联网、大数据、人工智能等数字技术对运营流程的改造升级，可以为行业提供一站式的数字化运营平台，大幅度提高能源效率和降低成本，从根本上提升行业竞争力。

运营监测领域。GE 将数字化技术用于炼油厂、工厂、铁路以及其他工业设施，利用自主无人机和机器人"爬虫"进行检测，每年降低检查费用高达 400 亿美元。硅谷数据供应商 Tachyus 开发了一个平台，收集来自传感器的数据，并将其与地震活动、钻井日志、地核、完井设计、生产数据和维护记录中的数据进行整合。结合物理模型和机器学习，该平台可以预测机械设施故障并确定最佳运营计划，在促进生产的同时大幅降低成本消耗。

预测和管理领域。在能源企业业务预测和管理中，多数能源企业通过数字化运营平台建立预测模型，解决能源流的预测和管理问题，确保供需始终处于均衡状态，以便实时匹配空间和时间的需求变化。西班牙初创公司 Nnergix 利用天气数据和机器学习技术进行能源预测，通过机器学习技术预测天气变化对可再生能源产能的影响，可以预测每小时的发电量，从而提升电厂发电效率，并降低运营成本。目前，企业客户已覆盖 20 多个国家，已累计融资 72 万欧元。

生产运营和能耗管理领域。在生产运营领域，一些能源企业已经开始利用人工智能技术，建立 AI 运营平台来推动生产运营的智能化建设。Energsoft 推出的基于 AI 驱动的 SaaS 平台为制造和使用储能设备的企业提供先进的可视化和分析工具，可追踪并分析数千个电池、超级电容器和储能系统，可帮助用户找出工业设计的问题。以色列初创公司 Raycatch 推出了基于 AI 的诊断和优化解决方案，可获取并分析太阳能发电厂所有的生产数据，并对日常管理进行优化和指导。

2.7   数字化转型亮点分析

国内外能源电力企业数字化转型各具特色，其中智能零售、能源大数据中心、电力指数等亮点案例尤为突出。

2.7.1   智能零售服务形成零售跨界新模式

（一）背景及意义

当前，消费场景变得日益多元化，所有场景都会成为消费入口，消费者的需求也更加个性化。中石化通过线上线下销售渠道、资源贯通，实现多场景引流，利用京东的智慧门店科技和智慧供应链，对 3 万多座加油站和 2.5 万个便利店进行技术赋能。线上线下相互渗透的零售服务模式从单一试点得到推广，围绕线下站点资源优势与零售推广的成本、效率和用户购物体验成为新模式。

（二）详细内容

线上线下资源贯通。中石化构成了国内覆盖范围最为广泛的零售商品网络，拥有 3 万多座加油站，基于加油站建设的 2.5 万家易捷便利店，成为全国最大的成品油零售商。中石化把握这一巨大资源优势，与互联网的零售品牌开展广合作，打造线上"京东新通路"的中石化零售专区和线下京东购物专柜入驻，实现线下销售价格与线上零售价格同步、线上线下深度融合，提供终端网络、仓配支持、数据共享等功能，创新"互联网＋销售＋服务"商业模式，实现全渠道零售。

新兴技术赋能。通过门店科技的整合，实现加油站便利店的场景数据化、数据网络化、网络智能化。在合作中的核心竞争力不仅包括京东提供的 AI 技术与大数据，也提供类似刷脸支付、智能商品货架调控、用户画像、客户资源引流分析等重要运营技术，并针对不同的地区开展个性化货物调整，可以适应不同环境下的需求，可同时结合天气数据为用户提供洗车、保养等建议。

（三）特色亮点

中石化的线下站点与电商深度融合，享受线上商品、智慧工业供应链、快捷交易、物流网络、营销策略等多种资源，将汽车、用品、日化、化妆品、食品等与能源需求场景建立强连接，在大数据、预测算法、运筹算法、云计算、机器学习等方面提升智能计算能力。同时，引入销售预测、智能选品、仓配布局、智能补货等智慧供应链技术，利用线下线上协同优惠联动等多元化服务，并融入中石化零售门店智能供应、智能运营和智能消费的线上线下一体化平台。

（四）建设成效

经过线上线下协同发展，当前中石化智慧加油站零售业务利润已经超过加油业务收益。在疫情期间，中石化加油站发挥其供应链及站点优势，成为居民生活用品、食品蔬菜等重要物资的枢纽。

2.7.2 能源大数据中心支撑政府决策和能源行业高质量发展

（一）背景及意义

能源行业作为关乎国计民生的基础行业，具有巨大的数据挖掘价值。进入数字化时代，政府精准决策、企业快速响应、居民美好生活亟须更智能、更精准、更全面的大数据分析，特别是能源大数据分析服务，建设能源大数据中心十分重要，且具有广阔的发展前景。

（二）详细内容

能源大数据中心作为能源大数据的重要载体，主要建设内容包括以下几个方面：

一是服务政府治理能力提升。基于能源大数据中心，提供能源大数据，在统计、分析、预测、多能规划、生态环保等方面开展大数据分析服务，支撑政府科学决策，提高社会治理精准性和有效性。

二是服务能源行业转型升级。深入挖掘能源行业存量资源价值，推动资源共享运营；借助能源大数据中心平台及技术优势为创新发展赋能，促进能源新业态、新模式发展与产业聚集，推动能源行业转型升级。

三是服务社会便捷高效用能。让"数据多跑路、百姓少跑腿"，支撑电、气、热、水等各类能源服务"一网通办"；为用能企业提供监测分析、能耗查询、价格查询等，实现节约用能，降本增效。

四是促进能源数字生态构建。以数据共享、平台开放、价值共创的理念，聚合能源全产业链各类主体，带动能源行业上下游协同发展，打造能源互联网生态圈，如图2-2所示。

图2-2 能源互联网生态圈

（三）特色案例

天津加快建成实体能源大数据中心，整合能源行业数据，打破数据行业壁垒，避免行业类似系统重复建设。与全市信息资源统一共享交换平台交互，归集能源行业数据，获取政府部门数据，促进数据资源融合共享。与全市信息资源统一开放平台交互，向社会开放数据，进一步提升能源数据的开发与利用水平。

天津能源大数据中心总体架构遵从"一中心，两主线，三平台，四需求，五模式"设计，支撑政府管理能级与服务效能提升，助力能源与城市其他领域的协同发展。"一中心"为建设能源大数据中心；"两条主线"即紧抓"为政府等客户提供智慧能源服务""为以电力为中心的能源行业发展提供更广泛数据支撑"两条服务主线；"三平台"即打造物联托管、数据共享、决策分析三大平台；"四需求"即满足政府部门、企业、居民、能源系统多方用户需求；"五运营模式"即建立委托运营、数据分析、共享交易、联合创新、产业联盟五种运营模式。

（四）建设成效

为各类用户提供了专业化数据服务。搭建了数据服务平台、共享平台和创新平台，在能源规划、生产、传输、交易、使用等环节提供了多元化数据支撑，为政府、能源产业、工业企业及社会用户提供了能源存储、运营、共享等专业化数据服务。

初步打造了能源互联网生态圈。依托企业强大的数据接入和计算能力，培育以数据为核心业务的创新型独角兽企业，打造上下游企业广泛参与的能源大数据产业链，构建共建共享、共治共赢的能源互联网生态圈，推动大数据产业与社会实体经济深度融合。

促进了清洁能源消纳。以大电网安全稳定水平提升为出发点，以大规模清洁能源消纳为目标，以优质服务、经济调电为导向，创新开展多能源协同发电控制。通过对清洁能源数据的实时采集、智能分析、精准预测，加强源网荷储综合调控能力，推进火电机组灵活性改造，促进清洁能源合理消纳。

初步建成智慧能源综合服务平台。在工业互联网建设方面，建成了集用能监测、节能分析、负荷预测、能效决策等功能于一体的智慧能源综合服务平台。根据省内工业用户用能特性，提供精准能源服务，为企业的能效管理提供有力抓手，切实解决企业用能的难点和痛点。

2.7.3　电力指数应用支撑疫情防控和经济高质量发展

（一）背景及意义

电力是国民经济的"温度计"和"晴雨表"，电力需求的变化折射出经济运行的活跃度。电力大数据贯穿电力生产服务各个环节，覆盖各行各业和千家万户，实时、准确、真实，全面反映了宏观经济运行情况、各产业发展状况、居民生活情况和消费结构等，具有十分鲜明的特点。

新冠肺炎疫情期间，国家电网有限公司挖掘电力数据价值，基于用电量及业扩报装变化情况，推出企业复工电力指数、电力消费指数等，从区域、产业、行业等多个维度开展分析，客观、及时反映经济社会运行状况，以衡量电力消费水平及发展趋势，为政府部门提供决策参考，为疫情防控和经济发展提供数据强力支持。

（二）详细内容

国家电网有限公司全力推行电力大数据服务，运用营销系统海量数据，建立算法，分析企业复工情况，根据企业历史用电量情况、当日用电量情况等数据，精准对各个企业进行"画像"，得出复工指数，动态监测、直观反映当前企业的复工复产情况，解决了烦琐的逐级上报和疫情防控人手不足等难点，协助政府做好疫情防控及有序复工工作。

电力消费指数。电力消费指数由国网浙江电力在宁波供电公司研发的电力景气指数基础上构建而成，定期向浙江省发展改革委提供，包含"电力看区域""电力看产业""电力看新建""电力看外贸"等内容，可有效支撑各地政府制定提振经济的相关政策。

企业复工电力指数。**浙江省通过综合考虑复工用电与复工户数情况，推出全国首个企业复工电力指数**。企业复工电力指数 R 为

$$R＝（复工电量比例×0.5＋复工企业户数比例×0.5）×100\%$$

即指数可分两个维度评价：既可反映企业复工后的负荷是否恢复到正常水平，又可反映当日有多少企业已开工；也可以说，指数一半反映复工企业用电量与去年同期的比值，一半反映复工企业的占比。

（三）特色亮点

国网杭州供电公司运用企业电力复工指数模型，对全市 4.3 万个企业用户的实时用电数据采集、对历史电量数据进行遍历扫描，精确计算出区域内企业复工数量、复工电量比例值，并纳入城市大脑市长驾驶舱，为政府治理提供参考，并编制"企业复工时间日清单"，为清单内企业提供电力业务"网上办、掌上办、指尖办"服务指南。

国网宁波供电公司以宁波市 6.23 万高压客户在 2019 年第 4 季度期间的日用电量超 500 万条数据为样本，科学建立企业复工数学计算模型和标准阈值，按 5 个行业维度开展大数据分析，并综合衡量各区县、行业复工电量比例和复工客户比例，每日形成"宁波企业复工电力指数分析情况"，辅助政府指导各类企业客户有序复工。

（四）应用成效

新冠肺炎疫情期间，电力企业一手抓防疫工作不放松，一手抓复工复产不停歇，运用电力大数据助力政府精准施策、助推企业复工复产的创新实践，为地方政府统筹疫情防控和经济社会发展提供数据支持，并按日报送中共中央财经工作领导小组办公室（简称中财办）、国务院办公厅、国家发展改革委、国资委等部门，有效支撑中共中央、国务院研判疫情和复工复产情况，获得了中共中央批示肯定和社会各界高度认可。2020 年 3 月 29 日至 4 月 1 日，习近平总书记在浙江调研，了解电力大数据在流动人口分析、企业复工等推进城市治理

能力现代化方面的应用，对浙江企业复工电力指数表示称赞。

2.8 小结

能源电力企业进行数字化转型的时机已经成熟。2019 年以来，能源电力企业进行数字化转型的内外部环境更为成熟，国家制定了一系列有利于数字化转型的政策及文件，数字化转型已成为企业级行动，是影响全企业的革新行动。数字化转型促进企业实现运营和竞争现代化的同时，也帮助他们有效适应瞬息万变的数字化经济，不断谋求发展。

数字化已经成为众多能源电力企业的重要战略选项。2019 年，企业数字化转型的重要性已经不止于 IT 领域，在能源电力行业，众多企业将数字化作为战略选项，从而培育企业竞争力。许多数字化项目开始由高层领导主导，并由相互协作的跨职能团队管理。

能源电力企业数字化转型带来的机遇与挑战并存。数字革命给能源电力行业带来空前严峻的挑战，也带来新的机遇。目前判断数字化发展策略的最终赢家还为时尚早，但可以明确的是，那些推动数字化创新的能源电力企业，将确保自身生存和不断发展。

案

例

篇

3

国内能源电力企业数字化转型

数字化转型已成为未来能源及电力企业发展的关键战略，部分企业具备数字化转型的良好基础，已经走在前列，普遍采用数字技术对企业信息系统架构、业务流程、经营方式进行优化和重塑提升安全性和效率，涌现出许多典型案例及成功经验。

本章选取南网、中石化、陕煤集团以及各互联网科技公司作为深度分析对象，对其近一年多来的数字化转型战略、实施重点、具体实践、转型特色等进行系统分析，分析其转型的经验和启示。

3.1　案例1：中国南方电网有限责任公司"数字南网"战略

（一）背景

南网积极响应"数字中国"战略，开展数字化转型。随着我国经济发展进入新常态，数字经济成为新动能，我国推动实施国家大数据战略，加快完善数字基础设施、推进数据资源整合和开放共享，加快建设数字中国。进行数字化转型成为南网积极对接数字中国、粤港澳大湾区发展战略的必然选择。

经济增长放缓给南网营收增长带来较大不确定性。在新冠肺炎疫情、中美经贸摩擦等事件影响下，面临的冲击与挑战前所未有，经济发展的不确定性显著增加，这将导致"十四五"期间我国用电量增速放缓，为电力营收增长带来较大不确定性。

能源革命助推南网建设数字电网。能源革命促使能源生产、消费、体制改革与技术创新领域取得了一定成绩，但仍面临诸多挑战。生产领域，能源供需双侧随机特性突出，可再生能源发展面临瓶颈；电力消费模式有待创新，整体能源使用效率仍旧偏低。能源的高质量发展需求加速信息技术与电力产业的深度融合，引导电力行业向数字化、智能化及网络化转型，为传统电力行业产业升级、业态创新、服务拓展及生态构建提供了全新可能性。

（二）数字化转型战略分析

（1）战略简介："数字南网"。

2019年5月，南网《公司数字化转型和数字南网建设行动方案（2019年版）》正式印发，明确提出"数字南网"建设要求：将数字化作为南网发展战略路径之一，加快部署数字化建设和转型工作，提出数字化转型是实现数字南网的必由之路。

南网数字化转型的**战略目标**：坚定不移推进公司数字化转型，促进公司战略落地，推动公司发展质量、效率、动力变革，做强做优做大国有资本，建设具有全球竞争力的世界一流企业。南网数字化转型的**基本任务**：保障电网安全，提高运营效率，降低管理成本，改善客户服务，综合创造价值。

三步走建设"数字南网"。2019年初步完成从传统信息系统向基于南网云的新一代数字化基础平台和互联网应用的转型，初步具备对内对外服务的能力。2020年全面建成基于南网云的新一代数字化基础平台和广泛的互联网应用，实现能源产业链上下游互联互通，基本具备支撑企业开展智能电网运营、能源价值链整合和能源生态服务的能力，初步建成数字南网。2025年基本实现数字南网建设目标。

实施"4321"建设方案。通过建设四大业务平台、三大基础平台，实现两个对接，建设完善一个中心，最终实现数字南网。具体建设方案为：建设电网管理平台、客户服务平台、调度运行平台、企业级运营管控平台四大业务平台，建设南网云平台、数字电网和物联网三大基础平台，实现与国家工业互联网、数字政府及粤港澳大湾区利益相关方的两个对接，建设完善南网统一的数据中心，最终实现"电网状态全感知、企业管理全在线、运营数据全管控、客户服务全新体验、能源发展合作共赢"的数字南网。

（2）战略重点：聚焦电网数字化、运营数字化和能源生态数字化三个重点。

当前，云计算、大数据、人工智能、物联网等技术已广泛应用，通过全要素、全业务、全流程的数字化转型，将电网生产、管理、运营等能力进行有效集成并实现数字化、智慧化，是南网向智能电网运营商、能源产业价值链整合商、能源生态系统服务商转型的重要支撑。南方电网聚焦**电网数字化、运营数字化和能源生态数字化**三个重点实施数字化转型。

数字电网。构建"数字孪生电网"，聚焦南网强直弱交系统运行风险及影响电网长治久安的关键问题，拓展电动汽车、微电网、综合能源服务等业务模式，延伸智能电网产业链，支撑企业向智能电网运营商转变。

数字运营。提高业务层的工作效率和质量，提升管理层对业务的管控能力，提升数据对决策的支撑能力，创新企业与能源产业链上下游的协助方式，整合并共享产业链资源，支撑企业向能源产业链整合商转型。

数字能源生态。整合产业链上下游数据资源，与上下游企业共同开拓能源数据市场，以数字化推动能源生态系统利益相关方开放合作、互利共生、协作创新，支撑企业向能源生态系统服务商转型。

（3）战略特色：聚焦平台建设，发挥电力大数据价值。

四大平台支撑数字电网建设。运用电网管理平台和调度运行平台支持智能电网建设、运行和管控；运用电网管理平台、客户服务平台、调度运行平台支持能源价值链整合和能源生态服务；运用电网管理平台和企业级运营管控平台支持公司管理和决策。

建设企业统一的电网管理平台。基于南网云平台，以现有系统的逐步云化、微服务化改造为基础，实现数据驱动的智能电网规划、建设、运营全生命周期管理，实现资产实物管理和价值管理的统一，整合电网规划、设计、施工、设备供应上下游企业资源，构建合作生态。同时，将持续优化完善企业级信息系统。

建设公司客户服务平台。基于南网云平台，在逐步云化、微服务改造公司营销管理系统、财务管理系统等系统基础上，整合公司互联网服务，建设统一的客户服务平台。与南方区域统一电力交易系统实现业务互联和数据共享，实现南网与政府、发电企业、新能源企业、用电客户、供应商和合作伙伴的互联，实现数据驱动的市场营销业务和客户服务，逐步覆盖产业链金融服务、综合能源服务、电动汽车运营、电子商务等业务。

完善南网调度运行平台。完善南网调度运行系统，构建支撑电网调度和现货市场运营两大业务融合的调度运行平台，实现大电网自主巡航、电力市场有序运转、新能源高效吸纳、系统资源最优利用。为确保网络安全，调度运行平台在生产控制大区相对独立运行，向南网数据中心提供电网实时运行数据。

完善南网企业级运营管控平台。开展企业级运营管控平台和各专业运营管控系统的对接融合，提高对南网整体运营监控能力和指标管控能力。

挖掘电力大数据价值，助力粤港澳大湾区建设。为推进南网数字化转型方案落地，南网启动了粤港澳大湾区数据洞察项目，通过数据洞察，南网将自己的电网管理平台、客户服务平台与数字政府及粤港澳大湾区利益相关方实现信息与服务共享，运用电力经济指数客观刻画经济状况、辅助预估经济趋势，全力服务、全面融入粤港澳大湾区建设。

利用电力数据监测复工复产状况。新冠肺炎疫情期间，南网各地市供电局积极对接政府，通过电力大数据描绘城市企业复工复产。深圳供电局每日通过计量自动化系统采集约32万条企业用电数据，多维度、形象化反映全市复工复产情况，为深圳市相关部门精准研判、分析及决策提供了有力支撑。

（三）数字化转型实践

（1）业务：以价值创造为目的，打造全方位数字化新业态。

利用数字化新技术对传统业务赋能。南网以业务创新为核心，以价值共享创造为目的，全方位打造数字化新业态，服务粤港澳大湾区和国家工业物联网建设。在业态模式创新中，南网利用数字化新技术对传统业务赋能，例如在智慧变电站中，通过采用机器人、无人机等智能装备巡视，大幅增加日常巡视频次，降低各类巡视工作人工工时。

加强基础平台建设优化资源配置。在南网整体规划中，利用管理、客户服务、调度运行、运营管控四大平台，以客户和市场为导向，以高质量的产品和服务为载体，推动质量变革、效率变革、动力变革。构建南网统一的基础技术平台——南网云平台，有效集中管控全网资源，优化资源配置，有力支撑公司各类业务场景应用的快速构建和迭代升级。

数据驱动电网业务创新开展。南网着力开发庞大数据资源，实现数据应用流程的协同高效。在服务国家治理和社会民生方面，2019 年，南网下属广东电网公司通过对接"数字广东"建设，获取低保户、特困户数据 295 万条，解决免费电政策执行难问题；下属深圳供电局完成了政务信息共享平台接入，实现身份证、房产信息、商事主体信息获取和共享，推出零资料、零审核的无感低压用电报装，为大湾区创造一流的营商环境。

(2) 管理：以客户需求为基点推动管理运营模式变革。

构建电网一张图实现主动超前服务。南网探索整合调度、生产运行、客户服务及应急响应信息，推动形成"电网一张图"，推动营配信息集成 2.0 建设，全面支撑低压网络的态势感知、运营指挥、主动抢修和主动服务，取得了积极成效。主动超前的服务让客户也在无形中对服务和品牌形成依赖，增加了客户黏性。从长远看，这将提升企业的市场竞争力，推动企业更好地为客户创造价值。

实施组织架构调整适应数字化转型。南网通过进行总部机构优化调整来推动数字化转型，由高层领导直接推动，数字化部应运而生，负责数字南网建设总体管理和顶层设计，相关部门和分子公司负责具体任务的建设管理。2019 年新成立的南方电网数字电网研究院有限公司（简称南网数研院）承担了数字南网各项任务的建设。

(3) 技术：以平台赋能为抓手加强数字技术应用。

建设基础平台夯实技术基础。建设统一的南网云平台、数字电网和全域物联网，夯实企业数字化转型的技术支撑。南网通过把做的、看到的、听到的和感受到的信息用数字终端、传感器通过通信网络、数字处理平台形成可供信息系统使用的数据资源，构建数字化应用的基础，利用大数据、人工智能等先进的技术对海量系统数据进行分析、学习、计算，通过应用系统自动决策和执行。

加强技术应用保护电网安全。电网的生产运行高度依赖网络和信息化，网络安全就是企业安全、电网安全。电网企业作为我国能源电力的命脉，加强数据资产和公民个人信息的安全保护，提高网络安全态势感知与应急处置能力，开展防范新业务应用安全风险的技术攻关是深化数字化转型发展的核心方向。

加大智能电网技术研发资金投入。2018—2022 年，南网在大湾区电网技术方面的研发投入将超过 200 亿元，加快实施"机器替代"，布局建设新能源、直流输电、分布式微网、信息安全、储能、超导等实验室和工程中心；2018—2022 年，南网在珠三角地区电网投资将超过 1700 亿元，加快粤港澳大湾区智能电网规划建设，持续提升电网防灾抗灾能力，到 2022 年基本建成安全、可靠、绿色、高效的智能电网。

（四）启示

南网通过数字化转型，从设计分三步走建设方案，到重点关注数据方案落地成效，实现了技术的快速验证与部署应用，对电力行业以及其他行业的战略转型而言，均有着重要的借鉴意义。

一是数字化转型是一项长期工程。数字化转型是一项需要循序渐进的长期变革的过程，不是一个短期项目或计划，需要并充分调动全员参与。数字化转型作为一个庞大的工程，转变思维至关重要，甚至决定了未来的发展路径。同时，数字化转型不是某一个部门或单位的事情，而是需要高层推动的"一把手"工程。

二是以数据驱动为核心推动数字化转型。数字化转型要以需求为导向，打造以数据为基础的产品、服务和运营模式，从海量用户中生成需求洞察、数据洞察，实时且正确地制定决策，持续提升客户体验，不断强化核心业务，提升电网业务运营管理能力，有效降低运营成本和试错成本，推动运营模式由人工经验向数据驱动的智能分析模式转变。

三是加强平台建设对数字化的支撑作用。南网通过建设四大业务平台和三大基础平台构筑了强大的数字化支撑能力。数字化转型强调基于云平台的互联网、人工智能、大数据、物联网等新技术的深度应用。要加强平台基础设施建设，强化平台对数字化的支撑作用。

四是构建软硬结合的能源数据融合共享体系。成立能源大数据专门管理机构，统筹推动能源数据汇总整合和"一网统管"，加强能源数据价值挖掘和试点应用，构建多方参与共建的能源数据应用市场机制，推动能源数据利用实际场景发掘和新兴产业发展，针对能源数据共享机制、安全防护、标准规范等关键问题，推动构建政策发展和技术标准制定。

3.2　案例 2：中国石油化工集团有限公司数字化战略贯穿生产全流程

（一）背景

对于中石化而言，**数字化改革既是企业内部油气提质增效的必然升级发展要求，也是应对行业外部危机降本增效的重要路径手段**。如今，国内外油气形势严峻，新型冠状病毒的蔓延降低了人民的用能需求，而俄罗斯和欧佩克国家年初的石油价格战，对需求下降的全球油气市场更加雪上加霜，国际石油价格史无前例地出现了负值。疲软的需求，旺盛的供给，不仅仅是对于国内的石油公司，对于全球油气开发公司乃至于整个全球能源行业都是一个巨大的挑战。为此，中石化提出了全产业链的数字化改革策略，从油田数字化改造、管道数字化管理、炼厂数字化建设、加油站数字化服务这四个改革方向全面推动数字化转型。

（二）数字化转型战略分析

（1）战略简介：以四个数字化推动实现绿色高效能源化工发展。

中石化正致力于全产业链数字化转型，赋能能源化工企业高效发展。在数字化转型期间，中石化针对油田数字化改造、管道数字化管理、炼厂数字化建设、加油站数字化服务这四个数字化改革策略。全面实施"价值引领、创新驱动、资源统筹、开放合作、绿色低碳"的发展理念，利用数字化改革对公司业务进行改造、管理、设计和推广，使公司在已领先的中下游领域和未来的经营环境中努力保持持续的盈利增长和能力提升，不断开发和高效利用页岩气、地热、生物质能等新兴产业，努力成为绿色高效的能源化工企业。

（2）战略重点：采用"数据＋平台＋应用"架构，提高科研创新效率。

中石化提出部署勘探开发数据库、ProMACE 平台和业务服务组件，上线运行油气藏动态管理、单井管理、管网管理等 7 类应用。建成科研知识管理系统并上线应用，构建起千万级节点的勘探开发知识图谱，提高科研与创新效率。

致力于推进绿色化工技术创新，提供以数字技术为代表的先进技术、以数字产品为代表的优质产品和以数字服务为代表的周到服务，加快构建有利于节约资源和保护环境的产业结构和生产方式，展现良好的社会责任形象，致力于成为利益相关方满意能源化工企业。

（3）战略特色：油气产销上中下游全方位布局数字化改革。

中石化对油气生产、集输、炼化、销售上中下游全方位进行了具有特色的数字化转型实践布局。面临行业竞争加剧、供需矛盾突出、成本压力凸显、环境约束强化、能源结构调整等多重挑战，中石化提出数字化改革方案，加快产销全产业链智能升级，实现上游油田智能化改造、中游油气集输管道数字化管理、下游油气炼化炼厂数字化建设监控、终端油气销售加油站数字化服务。

（三）数字化转型实践

(1) 业务：一体化优化赋能智能炼厂加油站建设。

中石化推进石油和石化工业互联网平台（ProMACE）研发、智能工厂试点升级与智能加油站推广实施。实现一体化优化、操作报警、设备健康管理、加油综合服务等主体应用上线运行。继在中国石化集团北京燕山石油化工有限公司（简称燕山石化）等 4 家炼化企业开展智能工厂试点建设后，又开展了中国石油化工股份有限公司镇海炼化分公司（简称镇海炼化）、中国石油化工股份有限公司茂名分公司（简称茂名石化）智能工厂提升建设，启动 7 家下属企业规划设计，形成基于 ProMACE 平台的智能工厂 2.0 技术方案和推广模板。智能工厂建立了一体化生产调度指挥中心，实现了生产管理扁平化，提高了现场处置效率，操作合格率从 90.7% 提升至 99% 以上。

制定相关指导性文件，细化智慧加油站的标准和方案。发布了《智慧加油站建设工作方案》《销售企业智慧加油站建设指导意见》，根据不同类别加油站的需求，订立相匹配的方案，积极探索建立智慧加油站，利用大数据、云计算、移动支付、物联网等互联网技术手段，打造集人、车、生活为一体的综合型服务驿站，通过设备自动化、经营数字化、服务智能化，实现加油站从传统单一的油品销售转变为全方位服务资源整合营销的加油站系统工程。

(2) 管理：智能化系统实现油气集输"三化"管理。

中石化研发了中国首个公司级管线管理系统——中国石化智能化管线管理系统，实现油气集输数字化、可视化、智能化管理。通过三维建模、全景影像、视频监控等技术手段，使地下管线可视、地面站库多维度展示，已覆盖近 4 万 km 油气管线，显著提升管道隐患治理、应急响应能力。实现 3.4 万 km 管线数据的全覆盖，推动系统应用，实现巡线任务下达、事件上报、巡线人员监控、隐患事件分析等功能。系统在应急状态下自动标注相关应急资源信息，自动关联事故点的管线本体及周边环境信息，提升应急处置能力。推广应用智能化管线管理系统，对管线建设期、运营期所提供的各种文档资料、设计模型、运行数据、业务数据等进行数字化处理，多维度展示管线信息。实现第三方施工、风险隐患治理等过程可追溯。对异常报警进行分级管理并主动推送报警信息，总部、事业部、企业等均可以远程查看管线运行参数。

（3）技术：多平台融合推广提升自动化生产效率。

采用"数据＋平台＋应用"架构多平台系统融合推广，提升油田无人化水平、精细化管理水平及生产效率。在西北油田采油三厂、中原油田普光气田等地开展智能油气田示范区技术试点。部署勘探开发数据库、ProMACE平台和业务服务组件，上线运行油气藏动态管理、单井管理、管网管理等应用。建成科研知识管理系统并上线应用，构建起千万级节点的勘探开发知识图谱，提高了科研与创新效率。在油田企业开展生产信息化、勘探开发业务协同平台（EPBP）推广建设，提高了业务协同、数据共享水平。油井、站库生产现场实现无人值守，油气生产运行管理实现实时监测、自动预警、远程调控。在炼化企业开展操作管理、工艺管理、大机组管理等系统推广建设，提高协同生产、精细化管理水平。在7家企业推广应用操作管理，装置操作合格率平均达到95％以上；在7家企业推广工艺管理系统，装置预检效率提升60％。

（四）启示

中石化的数字化改革是油气开发上中下游全方位的改革升级，相继开展ERP系统建设、智能制造试点示范、统一电商平台推广应用等项目。同时，聚焦智能制造，推进智能油气田、智能工厂、智能加油站、智能化研究院建设，提升生产运营数字化、网络化、智能化水平。相关启示如下：

一是企业数字化转型需要面向全产业链，加快整体产业布局。中石化对其油气上中下游及终端进行了全产业链的数字化改革升级布局，对于能源电力企业而言，应当从整体布局，加快数字化产业发展。整合公司内部资源，持续增强通信、主控、传感等石油煤炭电力工控芯片研发生产能力，充分发挥公司的产业基础和应用优势，打造重点产品支撑电力行业全产业链数字化转型发展。

二是企业数字化转型可以通过螺旋式迭代，不断完善基础设施改造。 中石化对于油田和炼厂的数字化改造升级呈现明显的螺旋式迭代升级的方式，从而不断提升整个油气产业基础设施的数字化水平。对于能源电力企业而言，应该抓紧建设数字基础设施建设融合，提升电网、加油站、煤炭运输线等对客户的全息感知能力和网络传输能力，实现企业全方位覆盖支撑，为能源互联网发展提供基础设施。

三是企业通过数字化转型优化资源管理配置，可以提升输配水平。 中石化设计并实施了中国首个公司级管线管理系统，通过数字化手段实现了地下管线可视、地面站库多维度展示。对于其他能源电力公司而言，也应该利用数字化技术提升电网管线、运煤专线等综合管理水平，降低电力、煤炭、石油配送成本，推动数字技术在能源电力企业的应用落地，从而实现能源基础设施的数字化管理、完整性管理、运营管理、应急管理和隐患治理。

四是数字化转型需要打造综合服务平台，将单一产品升级为综合服务。 中石化对于曾经的单一加油业务进行数字化改革，利用大数据、云计算、移动支付、物联网等互联网技术手段，打造集人、车、生活为一体的综合型服务驿站。对于能源电力企业而言，也应该通过设备自动化、经营数字化、服务智能化，实现能源销售服务从传统的单一品类销售转变为全方位服务资源整合营销的系统工程。

3.3　案例3：陕西煤业化工集团有限责任公司依托"煤亮子"平台推进数字化转型

（一）背景

陕煤集团是陕西省省属特大型能源化工企业。在加快推进数字化转型的

2019 年，陕煤集团实现营收和利润分别为 3025 亿元和 155 亿元，均创历史新高。2020 年营收达到 437.98 亿美元，《财富》世界排名 273 位。

煤炭行业"寒冬期"加剧企业经营危机。自煤炭经济"寒冬期"爆发后，煤炭价格急剧下降，煤炭企业在国家"去产能、调结构"宏观调控下，利润空间逐渐被压缩，暴露出传统煤炭产业资源壁垒高筑、业务协同低效的关键问题，甚至成为上下游企业在市场竞争加剧的根源，陕煤集团面临巨大的生存发展压力，不得不打破原有发展路径，追求更为科学安全的生产、更精益管理和高质量发展路径。

国家新基建政策成为陕煤集团数字化转型的助推器。2019 年，国家政府工作报告中明确提出"加强新一代信息基础设施建设"，2020 年中央经济工作会议又再次提出"加强战略性、网络型基础设施建设"，帮助陕煤集团打开数字化转型的新思路。**2020 年，战略机遇已然出现**。5G 商用、"新基建"的序幕逐渐开启，为工业数字化发展创造普惠环境，成为煤炭数字化建设提速的助推剂。

陕煤集团逐渐形成数字化转型的战略。通过打造智能生产系统、智能企业运营模式，打破资源壁垒，提高协作效率，加快投资效益传递、强化安全生产，陕煤集团成为煤炭企业发展路径的重要示范。

（二）数字化转型战略分析

自陕煤集团逐步构建数字化转型后，有针对性地解决了以下几个方面的问题：

一是产业链低效运作问题。煤炭行业在长期工协作及分细化发展下，产业链条长、周期长、参与方多，涉及庞大且复杂的跨境交易与结算，产业链形成了信息与资源壁垒，导致整体运作效率难以实现高效。**主要表现为：信息协同低效，投资协同低效，存货供需协同低效，资金融通低效，科研成果孵化转化低效等。**

二是企业"重资产运营模式"的运营风险问题。陕煤集团推行市场化服务运作，将服务产能从内部市场的 7000 万 t 增加到区域行业的 2 亿 t，**在较大生产服务市场空间下，**狭隘性的重资产运营模式，存在资金投入大、资产管理风险高与回报率低、市场风险抵抗力弱等管理弊端，成为束缚企业高质量发展枷锁。

三是新型服务竞争力培育问题。通过"互联网＋"技术创新和数字化服务模式创新获得竞争新优势与经济新活力已经成为煤炭企业发展的重要分水岭。利用体系化、线上化、品质化、个性化、平台化的新优势培植新的服务市场、培育新的供给力，成为陕煤集团通过数字化转型必须尽早攻克的难点。

针对以上几个重大问题，陕煤集团开展了数字化转型。陕煤集团提出数字化转型变革总体思路，重点以智慧矿山、数字化车间、智能化工厂为切入点，通过"机器换人"、智能化改造为手段实现创新。

启动"三化"建设三年攻坚行动，打造样板工程。加强与 IBM、SAP 合作，加快实施大数据工程总体规划及 ERP 全覆盖项目，打造一批样板工程、示范工程；深入实施"互联网＋"战略，加快自动化、信息化、智能化建设，构建集中统一的智慧运营管控、数据增值服务、人工智能创新平台，建成一批智能矿山、智能化工园区和智能制造工厂。

(1) 战略简介：聚焦行业痛点，由能源生产者转型成为生态服务者。陕煤集团将企业定位从传统煤炭生产服务提供者转变为工业互联网基础设施搭建者、区域产业链标准规则输出者与跨产业生态赋能者，将业务的重点置于煤炭产业痛点、行业供给需求，建立新型服务合作关系，创造全新消费渠道，将企业各项服务能力输出给产业链各方主体。

(2) 战略重点：提出"互联网＋平台"计划，从渠道开放、线上化、数据共享三个方面重点规划业务转型路径。一是强化信息渠道开放。通过搭建统一的信息共享平台等基础设施，联通内部业务服务能力渠道，通过信息开放和共享实现对内外部服务能力规模扩张。二是全面启动业务线上化部署。在数字基础设施的建设基础上，利用平台、应用软件升级将传统业务流程转化为线上规则，突破原有管理模式和运营模式，构建智慧运营管控。三是产业服务互联互通数据化。由内而外推动自身商业模式与技术创新双向迭代，推动数据分析服务、人工智能应用等高附加值的业务发展。

（3）战略特色：搭建"煤亮子"平台，汇集煤炭领域交易核心资源。随着数字化转型战略的层层推进，陕煤集团通过构建"煤亮子"平台，与互联网领域的头部企业开展合作共建。如与腾讯、蚂蚁金服共同建立子平台，与金融服务类企业开展在能源交易新模式、新管理措施方面的共同合作，构建起覆盖煤炭领域全产业链的价值服务体系，在快速迭代中对企业专业服务能力、平台技术性能、用户黏性起到至关重要的促进作用。

（三）数字化转型实践

陕煤集团成立神南产业公司作为煤炭生产服务者，**推进煤炭领域数字化转型的创新实践**。神南产业公司通过平台化转型，针对新技术融合应用、数据集成应用、运营模式创新三部分全面推进，成功实现从传统国企到服务整个煤炭产业链的综合服务商的转变，突破了经营规模的天花板，成功跻身千亿级的服务市场。

（1）业务：以"综合平台"撮合"智慧交易"。在业务能力优化方面，陕煤集团具有阶段性侧重。"煤亮子"平台基础能力的建设，核心竞争力在于资源信息化以及匹配撮合，通过完善线下客户注册、身份认证、业务线上申请、订单线上提交、线上电子合同签署等功能模块，将交易业务触点全面线上化，提高链上运营效率，减少交易阻力，平滑交易流程。在"煤亮子"平台各业务板块集整型商业架构下，区域全产业链上开始产生并形成一定时期下一定规模的经济效应。

（2）管理：以数据分析与量化运营模式开展科学管控。陕煤集团将"煤亮子"平台建设成为"矿用设备物资生态圈"的数据集散应用中心。一方面实现对链上数据采集、分析、运行执行、行业应用与服务的闭环管理；另一方面，实现数据共享，平台上所有参与客户均可共享数据，降低数据应用成本，并实现对煤矿、维修厂、设备厂等不同主体的数据应用服务，帮助产业解决库存成本高、设备配套应急能力差的问题；产品层实现对仓储、物流、金融等不同业务的服务重组赋能，降低企业生产运营成本。

（3）技术：区块链技术加持下的供应链服务迭代升级。区块链技术可保证煤炭交易链中所有参与者对"信任、安全、隐私"等合作诉求的达成，陕煤集团提出基于区块链技术的供应链服务，搭建可信贸易流转平台、大数据智能风控平台和融资金融服务平台，链接平台内所有参与用户的行为价值，激励用户在不同场景下正向行为，加速实现煤炭产业链共创共建、互惠互信、合作共赢，推动产业数字化转型步入新阶段。

可信贸易流转平台——帮助用户完成交易回顾、确认、形成合同、物流和开票等从交易达成到最后结算的全过程，实现贸易流程全自动化，并解决贸易流转过程中的基础信用问题，确保交易数据真实性，有效提升价值定位和市场效应。

大数据智能风控平台——通过搭建"煤亮子"平台信用大数据和智能风控体系、数字化可信仓单体系和可信贸易区块链多级流转体系，对交易各方异常信息及时共享，延展至交易流程前、中、后各阶段，建立起煤炭产业联盟内的企业数据交互渠道，更加精准地对企业进行画像，进而协助各方开展风险可控的业务营销。联合腾讯、蚂蚁金服等多家知名企业、权威机构进行多层级业务风险管理。

智能融资服务平台——借助可信交易和风控体系，协同多类金融机构开展各类资金服务。最值得关注的是，该平台将煤炭产业链上大宗商品（如矿用设备物资）变成一种流动性很强的可交易资产。基于区块链技术加持下的智能融资服务，把整个产业链上商业体系信用变得可传导、可追溯，最大程度帮助煤炭行业打通交易端与融资端，实现产业的普惠金融。

（四）启示

陕煤集团通过数字化转型，从传统煤炭生产服务提供者转变为工业互联网基础设施搭建者、区域产业链标准规则输出者与跨产业生态赋能者，对于煤炭行业以及能源电力行业的战略转型而言，均有着重要的启示和借鉴意义。

一是建立互惠共赢的发展思想和明确的数字化转型顶层设计。数字化转型首先是思维方式的转型，陕煤集团战略性地认准了发展机遇，避免行业竞争恶化，更改了前期拟定的传统煤炭生产服务提供者定位，专注于打造的煤炭业务领域的资源整合与数据服务能力，对于传统能源企业的转型设计阶段而言具有极强的借鉴价值。

二是对数字化转型路径进行分阶段设计、迭代式完善。陕煤集团将数字化转型战略分为三个主要阶段，每个阶段都重点打造一项数字化转型的关键能力，每一阶段通过对服务、平台、系统的功能迭代升级，通过业务指标的数据分析科学决策，将平台从简单的交易信息服务平台一步步扩展成为区域煤炭行业资源匹配、构建金融服务、孵化增值业务的平台，实现层层递进。

三是以技术、数据、平台资源运营作为数字化转型发展核心，锻造企业核心服务能力。陕煤集团的数字化转型坚持了快速利用区块链等新技术对场景开展赋能，发挥自身在西北能源地区的数据规模与数据质量优势，构建跨产业互联平台，同时也实现标准输出，帮助其他企业实现差异化的数字化转型。

四是高附加值的数据应用是拓展新商业模式的关键。陕煤集团将核心平台从渠道运营服务快速转向数据集成应用服务转变，通过多达14万个品类的商品交易积淀的大量的信息交易数据、产品数据，尤其是开展数据的实时性分析，从用户、产品、技术、资金、管理等多个层面拓展并形成设备物资的产业大数据，通过技术分析以及个性化推荐，已发掘新的商业模式和数据分析报表类产品。

五是重视数据安全及业务创新，实现交易变革。陕煤集团的平台极其重视用户交易安全，在技术上同时联合腾讯、蚂蚁金服等多家知名企业、权威机构进行合作，设计多层级业务风险管理技术，增强流转渠道的法律效应，为链上参与各方提供交易风险最小化的线上服务。

3.4 案例4：互联网和科技公司创新推动能源数字转型

2019年以来，在能源行业数字化转型的进程中，我国互联网和科技公司，充分利用自身在大数据、人工智能和数据应用方面的优势，深入能源行业共同推动大数据、人工智能等技术在能源行业的应用：腾讯以能源认知大脑等产品深化能源细分场景的大数据应用；百度以"全栈AI"的人工智能技术，助推能源企业重复利用人工智能技术推动业务创新；华为推出"智能电网""智慧油气""智能矿山"等解决方案，加快推动能源企业的数字化转型、智能化升级。

（一）腾讯：以能源认知大脑等产品推动能源数字化转型

在推动能源企业数字化转型的过程中，腾讯融合多年的技术积累、业务经验，为能源行业打造了多个智能化解决方案，助力能源行业数字化升级，让企业更智能地服务用户，构建连接用户与商业的智慧能源产业新生态。

（1）聚焦能源行业痛点、深入细分场景。

当下能源行业正处于变革之中，以能源和数字基础设施为主的新基建，正加速能源行业数字化进程。由于能源行业涉及业务广泛，在数字化发展进程中，企业对技术平台和行业智能化产品的需求也越来越大。

在能源行业，腾讯已打造智慧电网、智慧油田等细分领域解决方案。针对能源行业数字化转型的痛点，2020年9月10日，在腾讯2020全球数字生态大会上，腾讯推出了能源数字化转型的四大新品——综能工场、能源认知大脑、企业电像、智慧加油站，为能源行业打造了多样化解决方案，助力能源企业数字化转型。

腾讯综合能源梦工场（简称综能工场）针对综合能源领域用户专业多、角色多、信息割裂、定制化成本高等痛点，通过综能商城、数据汇接、运营应用和底层能力四大功能，让用能用户、园区、综合能源服务商等客户，仅通过三步快速搭建自己的综合能源平台：第一步，在综能商城选择合适的能源应用；

第二步，配置数据汇接，使不同供应商的应用达到集成状态；第三步用户拖拉拽自定义专属的一个或多个驾驶舱。

能源行业一直存在信息系统庞杂、数据来源多维化等问题，为了将这些"知识"和"数据"进行高效应用，2020年5月，腾讯智慧能源业务中心联合企业数据智能中心推出了能源认知大脑，助力能源行业共享共创企业知识价值。腾讯智慧能源高级产品经理黄雯介绍道，能源认知大脑可解决企业数据多源异构问题，协助企业融合领域知识、服务和引擎，搭建知识应用平台。

依托图计算、知识图谱、自然语言处理等技术能力，能源认知大脑能够为企业提供智能搜索、企业设备智能调度、设备故障推理、企业数字化办公等应用。目前产品已在电力、油、气等行业得以应用，覆盖生产、传输、运维、消费等场景。

腾讯不仅专注于为能源行业提供数字化转型工具，还携手电网共同打造了企业电像产品，致力于通过电力大数据驱动精细化的企业服务。企业电像通过将企业公开数据和电网数据融合，计算数百万的企业画像和区域画像，从而连接电网、用能企业和政府部门。

通过企业电像的应用，电网企业可为不同的企业推送相关的用电政策、综合能源服务和设置负荷异常预警，做到千企千面；政府部门可感知行业、地区发展的态势，并进行政策的精准推送；企业不仅可以接收到适合自己的推送信息，还能进行政策搜索，自助申请服务。

智慧加油站，是腾讯专为加油站构建的数字化运营工具。基于腾讯多年来在C端运营的丰富经验，智慧加油站针对提高油品销售效率、精准营销、用户运营、场景变现、异业合作五大方向推出一系列的产品模块，提供针对性的解决方案。

以客流密集的大型加油站为例，腾讯基于微信卡包功能推出虚拟加油卡，油费支付、充值、开发票均可在微信内操作，在提高客户付款效率的同时，提升加油站可接待用户数量，为加油站增加收入，并完成了由"数据跟着卡"向

"数据跟着人"的转变。

（2）加速行业场景落地，打造能源领域数字化标杆。

工业互联网、数字经济、新基建等新型产业形态正为能源行业带来全新的发展机遇。

腾讯通过物联网通信服务，提供能源设备低成本、快速接入，实时监控设备和进行大数据处理，实现能效智能调度，助力能源行业革新。例如，2020年，腾讯与某电网企业进行变电站、数据中心、5G 基站等多站融合试点。电网企业借助于腾讯 Mini T‐block（单箱体集成数据中心）以及 T‐MDC（腾讯微模块数据中心）等第四代腾讯智能 IDC 产品在变电站实施基础站点建设、通信网络建设以及基础边缘计算平台建设，为电网业务、互联网业务、政企业务提供就近的边缘算力、边缘应用、边缘服务。

下一步，腾讯的多站融合解决方案将通过融合成熟的云计算、5G 应用、人工智能等基础技术，助力电网企业打造数字新基建，有效提升电网企业资源利用效率。

此前，腾讯还助力某石油管道公司，打造智能化管道可视化交互系统建设。5 大系统实时数据，实现了全国管网概览、运输管线实景模拟、站点工艺流程监测，总计模型面数超过 4.12 亿。

（3）协同产业合作伙伴，共建能源数字化生态。

腾讯还与产业链中优秀的合作伙伴深入合作，共同进行实践探索。作为各行各业的数字化助手，在能源行业，腾讯通过夯实基础、打造平台、业务融合助力企业数字化转型，并探索用户与产业的创新互动，以及数字化在能源领域落地的更多可能性。

2019 年 5 月，腾讯携手大疆推出了多模态智能化管线巡检解决方案，提升能源企业巡检的效率。腾讯机器学习、知识图谱与数据智能等 6 大产品能力结合大疆无人机三维建模、自动飞巡、云—边互联技术，能够提升管线的日常巡视效率，并不断探索管网设备管理和缺陷分析。

未来，腾讯将持续依托云、大数据、人工智能、安全等技术创新，为能源行业打造更多智慧解决方案。同时打通产业上下游不同企业，联动线上线下的场景与资源，助力能源行业数字化升级，同时协助企业更智能地服务用户，构建连接用户与商业的智慧能源产业新生态。

（二）百度：数智一体，驱动能源数字化转型智能化升级

百度利用自身互联网、大数据、人工智能、知识图谱等方面的优势，紧紧围绕能源行业"数智一体"的数字化核心能力，从能源企业 AI 中台、能源全息可视化巡检、电力 AI 实验室、能源知识中台四个方面入手，服务能源行业从能源生产、能源运输、能源交易、能源消费、能源监管等各环节的数字化转型，助力能源行业产业智能化进程。

（1）能源企业 AI 中台，打造能源企业的全栈 AI 服务能力。

2019 年，百度基于其领先的 AI、Bigdata、Cloud 全栈融合能力，自主可控的软硬一体 AI 大生产平台，海量的互联网大数据，赋能能源企业生产全过程。

基于百度先进的人工智能技术，为能源核心业务提供 AI 能力支撑的统一共享服务平台，旨在为运检、调度、营销、安监、企业经营等专业领域打造智能化精品应用，构建"平台＋服务＋应用"的生态链条。

基于能源行业应用建设共性服务及模型需求，百度构建了面向能源企业的人工智能中台，形成样本标注、模型构建、模型训练、服务发布、资源管理、云边协同的一体化解决方案，形成企业智能服务核心竞争力。

该平台基于百度自研飞桨（PaddlePaddle）深度学习框架、自研 AI 芯片昆仑、自研边缘计算框架，实现了技术能力的松耦合：所有通用技术组件、数据服务组件兼容底层异构云平台，并开放底层技术能力。在能源数据业务的模型和算法方面，已研发出具备电力属性、准确高效更易用的能源企业专用算法，目前已积累输电线路隐患、现场安全作业管控几十种专用能力和算法。

（2）全息可视化巡检：助力能源电力企业构建智慧巡检体系。

2019 年 12 月，百度基于其先进的计算机视觉 AI 技术和云边协同机制，结

合无人机、智能机器人、前端智能摄像头，构建了具有全息可视化能力的智慧巡检体系，为能源行业输电线路、智慧变电站、智慧加油站、现场作业安全管控提供一体化、可视化、智能化解决方案。

百度智慧巡检体系，基于可视化监拍装置、无人机、智能机器人以及边缘终端等智能设备，构建设备运维全景智慧感知和现场作业安全管控体系，充分结合人工智能技术，并在此基础上应用于输电线路智慧巡检、变电设备智慧运维、智慧加油站区域安全管控等业务场景。实现生产设备全天候、全方位、全自主的状态感知和分析研判。

智慧巡检体系，基于百度边缘计算框架、云边一体协同机制，具有平台兼容性好、适配多种主流 AI 芯片和硬件平台的优势。

在能源巡检应用场景上，百度提供了能源业务数据标注、模型训练、模型部署预测的全栈解决方案，并通过在多个能源电力企业的应用实践中，积累的能源 AI 模型，沉淀多种能源行业 AI 模型和服务，实现了通用业务场景的开箱即用，同时也给能源企业提供了模型定制化训练支持。

（3）电力 AI 实验室，创新能源电力数字化新技术新应用。

2020 年 3 月，百度结合其核心技术能力及科学家资源，打造了一个专用于能源电力企业的电力 AI 实验室，协同能源电力企业共同构建面向企业的生态合作沟通平台、AI 技术研究和创新平台、业务场景和项目孵化平台、人才培养和赋能平台。

该实验室，作为能源电力生态合作沟通平台，协同能源企业开展从 AI 智能芯片、算法、应用全方位的生态技术合作；同时也是技术研究和创新平台，针对能源行业的专用 AI 算法共同研究和开发；在业务场景和项目孵化中，探索人工智能融合电网业务场景的探索和项目孵化。该平台也是能源电力数据智能化应用的人才培养和赋能平台，面向能源电力企业开展能源 AI 底层技术输出，企业人才培养和赋能。

（4）建立能源企业知识中台，驱动能源知识智能化建设。

2020 年 6 月，百度基于强大的知识图谱、自然语言处理、搜索与推荐等核心技术，面向能源企业知识应用全生命周期，形成了能源知识智能的一站式解决方案，帮助能源企业全面提升运行效率和决策智能化水平。

能源知识中台，赋能能源企业高效知识生产。支持丰富数据接入类型，涵盖多形态知识生产能力，提供完备知识生产流控、调度、审核、调优、干预机制，助力企业沉淀业务知识。知识中台打造灵活知识组织，知识中台基于面向能源业务的知识分类组织，深入内容的知识标签提取与基于图谱的深度关联等知识组织能力，更有序、更统一地组织海量知识。能源知识中台提供了便捷的能源知识获取，通过语义化搜索引擎、综合问答能力与个性化推荐与推送，帮助企业提升知识获取的效率、精准度与多样性。

目前，全栈 AI 能力、专用电力属性、自主可控技术、平台松耦合，视觉、语音、NLP、AR 等全栈技术，百度已积累 250 多项通用服务能力，可以直接开放给能源企业，助力能源企业的数字化转型。

（三）华为：新 ICT，智慧能源数字化转型新动力

在能源领域，华为以新 ICT〔ICT 指信息、通信、技术（information communication technology），新 ICT 技术是指新一代信息、通信和人工智能的融合技术〕来推动能源企业的数字化、智慧化转型，坚持"平台＋AI＋生态"战略，利用大数据、云计算、物联网、AI、5G 等技术，构建能源数字底座，推出智能电网、智慧油气和智慧矿山三大解决方案，助力能源行业数字化转型，致力于成为能源行业数字化转型优选合作伙伴。

（1）智能电网：可管可控让电力不惧峰谷。

在智能电网领域，华为提供一站式 ICT 解决方案，覆盖电力发、输、变、配、用全环节，可管可控，让电力不惧峰谷，将智能注入城市的每个台区，供电可靠，柔性配电，提质增效。

凭借领先的 ICT 技术，华为联合合作伙伴推出覆盖电力发、输、变、配、用的全环节智能业务方案。将传统电力系统与云计算、大数据、物联网和移动等技术深度融合，实现各种电力终端的全面感知、互联和业务智能。

一是输变电融合传送网。根据业务、数据承载、带宽等不同需求，利用光传输设备组网，建设与电网相适配的信息化方案。二是配电自动化。利用先进的 xPON、LTE 等 ICT 技术，有效助力配网自动化水平提升。三是智能光伏。基于全数字化、让电站更简单、全球化自动营维等创新理念，打造高效发电、智能营维、安全可靠的智能光伏电站。四是电力宽带助力电力公司激活现网基础设施资源，拓展光纤宽带增值新业务。五是电力数据中心。通过数字平台和物联平台为电力公司提供强大的数据接入、整合、实时处理、高效计算和应用开发支撑能力，实现数据价值分析和共享。

（2）智慧油气：创新 ICP，助力油气企业安全高效产油气。

2019 年 9 月，华为联合中石油，打造了油气智能体，打造石油工业智能化转折的新引擎，在油气行业提出"新 ICT，安全高效产油气"，携手行业伙伴为油气行业上、中、下游提供油气物联网、数字管道、HPC& 经营管理及智能配送等 ICT 解决方案，将数字生产与安全管控有机结合，提升油气生产效率。

管道运输是油气运输最重要的方式之一，其线路长、跨越复杂地理环境，面临着各种风险与挑战：华为数字管道通信解决方案，基于可靠、融合、安全的理念，提供了光传输系统、电话系统、视频监控系统、无线集群通信系统、视频会议系统、短波无线系统、数据网络系统等，满足了管道沿线通信覆盖、生产通信和综合安全的需求。

华为数字管道通信解决方案，基于可靠、融合、安全的理念，提供了光传输系统、电话系统、视频监控系统、无线集群通信系统、视频会议系统、短波无线系统、数据网络系统等，满足了管道沿线通信覆盖、生产通信和综合安全的需求。

油气勘探开发数据管理方面，提供端到端的 HPC（高性能计算）解决方案，包含基础架构层、硬件层、系统和集群管理层、勘探开发业务应用层，助力油气上游勘探开发业务快速运行，缩短钻井生产周期，提高作业效率。

截至 2020 年 8 月，华为油气解决方案在全球 45 个国家和地区应用，服务全球 TOP20 国际油气公司中 70％的客户。

（3）智能矿山，新 ICT 帮助矿业企业加速走向智能化。

在矿业领域，华为联合生态伙伴提出"3 个 1＋N＋5"（"1＋N＋5"是指一网、一云、一平台、N 应用、五中心）的智能矿山整体架构，采用 5G＋AI＋鲲鹏云等先进的 ICT 技术与矿业生产融合，助力实现少人开采、智能运输、无人值守、无人驾驶、智能管控等目标，最终实现少人化、无人化的愿景目标。

基于 5G＋AI＋鲲鹏云的智能矿山，与矿业生产深度融合，采用"四化"策略，助力实现少人开采、智能运输、无人值守、无人驾驶、智能管控等目标。一是无线化，实现矿山全域无线覆盖；二是鲲鹏云化，智能矿山鲲鹏云，实现全栈安全可控；三是平台化，整合矿山子系统，打破数据孤岛，避免重复建设；四是智能化，AI 助力矿山少人化，从而提升矿企本质安全生产水平，帮助矿业企业加速走向智能化。

（四）启示

透过腾讯、百度、华为这三家互联网和科技公司在能源领域所推出的数字化转型解决方案，可以得到以下启示：

一是能源数字化转型，已从 IT 领域深入到生产领域。当前，大数据、人工智能、区块链等技术，已经持续地推动各行各业的数字化转型，在能源领域，数字化转型已经从 IT 系统的重构升级到企业生产、运营、管理等全方位的业务领域，这也促使能源企业应重新审视数字化对能源企业所带来的深度变革，调整企业战略推动企业各个领域各个业务条线的数字化转型。

二是能源数字化转型，正在为能源行业创造新的价值。腾讯的能源认知大脑已在电力、油、气等行业变革业务流程，提升生产、传输、运维、消费等业务效率；百度的能源 AI 平台正在为运检、调度、营销、安监等专业提升业务水平。华为的智慧油气系统，已经改变传统的找油找气模式，并极大地缩短钻井生产周期等。这些变革，对能源企业来说，应站在业务的智能化升级的高度，更加积极地拥抱人工智能等新一代技术，开创业务新价值。

3.5　小结

本章在分析国内数字化转型综合情况的基础上，重点选取电力、油气、煤炭的典型企业，针对其数字化转型战略及实施情况开展了详细分析，发掘其特色亮点。国内能源电力企业紧抓数字经济发展机遇，开展数字化转型战略已经成为应对外界经济环境和企业内部竞争力提升的首选。

一是数字化、服务化成为业务转型的主要方向。国内能源企业的业务开始从传统的能源生产传输及产品供应向综合能源服务转型。其中需要利用数据技术的创新应用，精准把握客户的需求，在此基础上，通过数据互联，打破传统能源行业之间的壁垒，为用户提供用能分析诊断、节能方案、设备运维等多方面多类型的能源服务。同时利用先进的人工智能、虚拟现实等技术，在提供服务的基础上，提供更加多样和个性的客户服务体验，最终提升企业营销、运营和服务的成效。

二是智能化、在线化成为企业业务发展的重要方式。传统能源企业的业务主要以离线为主，许多工作需要依靠人力进行，如设备的维护、状态诊断，甚至于有些较为复杂的生产环节，是属于只有少数人掌握的关键环节。企业通过数字化转型，对生产环节进行智能化改造，实现全过程的在线可监控，能够依据科学手段进行技术分析，提供有效的决策建议，为企业的高效安全生产、协同运行提供了重要的支撑。

三是平台化、生态化成为企业持续发展的必然选择。能源行业属于传统的工业经济发展范畴，具有鲜明的专业特色，不同能源类型以单线条发展为主。数字经济的发展打破了传统行业之间的边界，企业也逐渐意识到，需要不断拓展自己的业务链条，通过搭建平台，形成开放共享的合作生态，充分发挥利益相关方的价值，实现共建共赢共享。

四是数字技术是企业实现战略愿景的必经之路。云平台、云计算为数字化企业广泛互联提供基础支撑。云相关业务越来越受到企业的重视，云相关业务实现了业务和数据的整合，跨越了地域和时间的限制，在一定范围内实现了数据和价值的共享。区块链为数据"保鲜"，推动能源电力业务根本性变革。区块链从技术和机制两个层面为数据交互提供了可信环境，保证了数据可追溯、数据变化可留痕，实现了链上数据价值"保鲜"。区块链技术为能源电力行业提供了一种新的分布式管理模式，让能源生产者和消费者直接互动，提升能源产销效率。

4

国外能源电力企业数字化转型

快速的技术进步正在改变能源行业，数据驱动下的决策正在推动电网经历巨大转型，全球范围内的公用事业公司正在采用创新技术为未来的电网提供动力，本章选取了意大利电力公司、法能集团（ENGIE）、英国石油公司（BP）等国外能源电力企业，开展数字化转型的案例专题分析。

从宏观经济上看，世界经济起伏较大，各国贸易保护主义兴起，热点地区地缘政治局势频繁变化；从能源电力行业的整体发展情况上看，欧洲第三能源计划及推动可再生能源发展的一系列法令，可再生能源技术进步和产业成熟，对传统化石能源价格产生了一定影响，碳交易等机制的确立进一步降低了热电、煤炭等能源产品的竞争力，新能源发电越发具有比较优势，消费者更加注重能源服务、技术体验等能源产品附加价值。

意大利电力公司致力于提高电网可靠性，打造智能预测维护系统，并不断提高其数字化转型标准，实现运营效率提高和成本降低的目标；法能集团（ENGIE）通过打造基本的 IT 系统和技能，推动客户关系数字化、产业发展数字化、内部运营管理数字化，加强外部合作，进行数字化工程改造，着力提高低碳化转变和整体竞争力；英国石油公司（BP）的最新发展战略主要集中在数字化加速低碳业务发展方向。能源电力企业的数字化转型正应其势，正当其行，技术创新成为数字化转型的基本驱动力，数字化生态系统的打造是必要环节，制定适应性数字战略、加强客户关系维护是重要手段。

4.1　案例 1：意大利电力公司数字化转型

（一）背景

意大利电力公司成立于 1962 年，在政府直接管理下从事发、输、配、售等全链条业务。在政策环境等因素的驱动下，1993 年以来先后经历了电力业务重组与多元化转型与聚焦电力业务的国际化转型两个阶段，从国有独资的垄断型电力公司转型为具有世界影响力的全球领先的上市跨国能源公司。

近期，由于全球能源系统加快低碳绿色转型，传统能源需求增势趋缓，消费者在能源系统中的主体地位不断提升，意大利电力公司开始探索新一轮转型，从能源产品供应商向能源服务提供商转变。

从意大利电力公司本身发展局限性看，企业经过十多年的国际拓展，在业务拓展过程中存在企业债务比例和资本回报受限问题，且受宏观经济影响，传统业务增势趋缓，发展承压明显，亟须寻找新的业务增长点。因此在上述因素的共同推动下，意大利电力公司将发展重点放在数字化上，开始探索向综合能源服务商转型。

（二）数字化转型战略分析

（1）战略简介：3 年战略计划转型能源服务商。

根据意大利电力公司的 2020－2022 战略计划，意大利电力公司将持续推进低碳化转型，加快电网数字化改造，不断扩大零售业务客户群体，加快拓展新业务方面持续增加投入，确保建成拥有最大零售客户基础、全球领先的可再生能源和电网业务私人运营商。主要举措包括：推进清洁低碳转型，建设智能配电网，挖掘客户侧能源消费"新下游"，优化企业内部管理提升经营效率。

（2）战略重点：从业务及管理入手，推动企业从生产型组织向服务型组织转变。

意大利电力公司依托业务/地理位置矩阵式管理，形成全球电力、全球基础设施和网络、全球贸易和全球创新（Enel X）四大业务部门，大规模推进数字化改造，从生产型组织向服务型组织转变。

其中 Enel X（意电综合能源服务公司）面向工商业、交通、城市和家庭等用户提供能源效率提升服务、需求侧响应服务、电动车充电服务、物联网服务以及光纤服务等数字化产品和各类数据增值服务，能够实现数字化新兴业务独立运作，避免相互影响；同时在受能源数字化转型影响的传统业务中适当加入部分智能化手段为其赋能。

Enel X 还创造性提出在企业管理和业务数据中大规模引入"云"，推进企业管理的数字化转型，在 2019 年成为首家完成企业"云"改造的公用事业单位。

（3）战略特色：建立客户为中心的数字化世界。

挖掘客户侧能源消费"新下游"，积极参与公共数字基础设施建设，意大利电力公司投入 11 亿欧元用以创新网络平台，重点从商业、城市、家庭和电动汽车 4 个领域提供智慧城市服务、家居能源解决方案、储能等新业务。

商业领域，以"能源即服务"的理念，开展分布式发电和微电网解决方案、能源效率解决方案、能源基础设施建设与服务方案、智能账单管理、能源咨询和能源管理软件系统开发等业务；城市领域，开展智能公共照明、公共建筑能效解决方等业务，积极参与政府数字基础设施建设，开发智慧城市服务；家庭领域，提供智能家居设备销售、能源服务和能效解决方案；电动汽车领域，建设家用、公用和商用电动汽车充电站，开拓公共电交通工具运维业务等。

（三）数字化转型实践

（1）业务：建立子公司打造能源数字生态系统。

意大利电力公司下属子公司 Endesa 希望成为一个与数字生态系统完全联系的组织，其专注于客户及其需求，以数字化为基本工具开发更加可持续的业务模式。Endesa 数字化转型的主要领域见表 4-1。

表 4-1　　　　　　　　Endesa 数字化转型的主要领域

主要领域	覆盖层次
客户	数字客户，电子发票，数字销售，电子信息管理
人员	数字空间，数字技能
资产	远程管理，电网自动化，智能电网，发电系统数字化升级
网络安全	紧急运营团队，Cybernectic 安全
灵活性数据指导	灵活性：交互，结果，协作，响应； 数据：量化，自动化，决策
平台	交互性，连通性
云	数据迁移，技术更新，效率提升

Endesa 数字化转型重点集中在资产、客户、人员三个核心领域：

资产数字化。配电网层面，为确保安全可靠的供电，提高服务质量和满足未来消费者需求，坚定地致力于智能电网、远程管理和电网自动化的发展。发电厂层面，为了提高工厂的运营效率并改善其与电力系统的整合，正在加大力度实现发电系统的数字化转变。

客户数字化。Endesa 数字化转型计划的基础之一是专注于客户，包括开发了电子发票、数字销售、电子信息管理等提升客户数字体验的举措，提出数字客户这一新的关系模型，以及定义新的价值和服务产品。

人员数字化。企业的数字化转型代表着真正的战略挑战和文化变革，应该建立在构成其一部分人的承诺和才能之上。因此，Endesa 正在努力促进内部数字文化，开辟学、研结合的数字空间，实施电子人才数字化转型培训计划——点燃你的数字能源，培养员工的数字技能，以了解和处理商业环境中应用的数字化转型和创新的最相关方面。

（2）管理：实施矩阵式管理架构优化企业管理。

意大利电力公司通过实施业务/地理位置矩阵式管理架构，从地理角度考虑数字技术及业务的分配决策，企业组织能够对多种数字化业务业态形成频繁、快速变化的适应力，以便适应不断变化的业务需求和环境，同时不断培训员工数字意识和技能，开拓视野，改变习惯。

基于意大利电力公司业务/地理位置矩阵式管理架构，其全球创新子公司 Enel X 成立之初即面临两种完全不同的组织模式，4 条全球产品线是流程驱动的模式，即开发服务方案、制定商业策略和推广实施，而在各区不同国家具体业务的开展则是面向客户细分市场的驱动模式，即开展本地化营销、运行维护和商业化运作。

经过 1 年多的实践，Enel X 公司意识到需要实现快速灵活的工作方式，以便及时响应客户需求、适应不断变化的外部环境条件，最有效的组织要能够调配所需资源，确保实施"端到端"的具体服务方案，没有"放之四海而皆准"

的标准模式。例如，Enel X 公司在西班牙是客户细分驱动的模式，在北美是产品线流程驱动模式，而在意大利则是混合模式。

（3）技术：推动技术创新增强电网灵活发展。

以人工智能、3D 建模等现代数字技术不断增强电网灵活性。意大利电力公司投入 118 亿欧元用于电网的持续数字化和自动化，以增强电网弹性，进一步提升电网信息系统性能，确保电网高质量运行。

密集采集智能电能表数据。意大利电力公司通过提供新的通信基础结构和新一代智能电能表，针对中低压电网建设智能电能表系统和远程管理系统，快速识别电力中断问题，减少供电恢复时间。用户侧能耗数据将以 15min/次的频率自动连续地加密并通过电网进行传输。在城市安装众多集线器，从智能电能表收集信息，并将其以单个无线数据包的形式发送到智能电能表运营中心，智能电能表运营中心进行数据分析，并管理城市中的每个接入点，从而保持对电网的持续管理。在实施过程中积极采用分布式传感器、人工智能、3D 建模等现代技术，增强电网弹性。

实施 Open Fiber 开放光纤计划。意大利电力公司成立开放光纤公司，照国家超宽带战略来实施全国宽带建设。开放光纤计划 5 年内在 250 多个省市建设宽带网络，覆盖 950 万用户，将房屋进行覆盖率由 50％提升至 80％，通过电缆和大约 600km 的网络连接起来。因此开放光纤需要快速建设高质量光纤分配网络，并提供光纤到户服务。

意大利电力公司开放光纤计划以巴里市为试点，使成千上万的巴里居民直接在家中获得高质量的通信服务，推动巴里市成为一个技术更敏感的社区，为城市行政服务的非物质化来实现一场小规模的数字革命。

在这一合作的早期阶段，意大利电力公司与意大利的主要运营商签订了单独的合同，涉及在其超宽带发展计划中提供的前 10 个城市的电缆。这些协议规定，运营商可以在网络上激活用户，从而保证在推出计划的时间框架内至少覆盖每个城市的 80％的房屋。

建设智能化管理平台，提供深度数据分析。意大利电力公司通过建设智能充电管理平台，提供经济智能充电解决方案。该平台建立于JuiceNet，是集通信、控制为一体的智能平台，能够动态匹配驾驶员的历史充电模式，实时输入电网运营商和公用事业公司的信号，以汇总和管理充电站需求。JuiceNet管理着美国数千辆电动汽车的充电需求，为电网提供了实时灵活性服务，在此基础上，智能充电管理平台能够实现充电桩智能联网，为EVSE供应商提供低成本充电解决方案，并充分提高充电基础设施的利用率。

（四）启示

意大利电力公司通过数字化转型，以企业优势建设为起点全面深化开展技术赋能的效率提升，以专业化公司为战略要地形成对外服务窗口，对于电力行业以及其他行业的战略转型而言，均有着重要的启示和借鉴意义。

一是企业要聚焦优势，实施有选择的多元化数字化转型设计。在面对因宏观政策变化、电力改革而出现的发展压力时，能源电力企业不宜不加区分地盲目实施多元化战略，而应该充分结合企业已有的比较优势，有选择性地开拓新业务。

二是企业数字化转型要积极抓住行业转型发展的风口，主动作为。能源电力企业更精准研判行业发展趋势，认准风口，聚合力量，加快实现转型。

三是企业应注重挖掘消费侧需求变化，积极拓展数字化业务"新下游"。当前，能源电力企业要高度重视消费者在能源供需关系中地位不断上升的趋势，充分挖掘多样化能源服务的潜在增长点，加快布局综合能源服务等新业务。

四是企业在数字化转型过程中要做好与监管机关的协调配合。企业要做好与政府监管机构的协调配合，清楚相关机构监管思路，并提出合理的建议策略。在技术和商业模式快速变革的情况下，监管机构也在努力调整，企业要尽早帮助其发现监管漏洞，从而实现能源企业与监管机构之间相互协调、相互促进。

4.2　案例2：法能集团全面推行数字化战略

（一）背景

法能集团（ENGIE）是一家全球能源公司，总部位于法国，在全球拥有155 100名雇员，业务遍及全球70多个国家。2019年以来，ENGIE面对能源产业新形势，以颇具魄力的姿态加快向低碳化、数字化、智能化转型。

开展数字化转型是法国政府与企业自身商业模式拓展的共同需求。法国政府持续推动数字化转型，明确了数字化路线图的主要原则，并实施数字经济战略，采取推动立法、推出宽带计划、加强消费者权益保护等多重措施弥补数字鸿沟，推动信息社会的发展。该背景下，ENGIE认识到在资源要素驱动乏力、劳动力成本居高不下、消费需求多样化且易变的背景下，数字化转型对于能源企业商业模式变革、新兴业务拓展、管理方式高效的巨大推动作用。

因此ENGIE推出数字化转型战略，加大对于数字化项目的投入和技术研发，致力于迎接企业迈向更加低碳、更多分布式和更多数字化技术的能源革命进程中所面临的重大挑战。

（二）数字化转型战略回顾

（1）战略简介：3年战略转型变革计划将数字技术置于核心。

ENGIE推出了一项为期3年的战略转型变革计划，将数字技术置于集团工作的核心，并将ENGIE建为全球能源转型的主导力量。集团目标是通过数字化转型重新设计投资组合，将重点放在低碳发电、能源基础设施，以及为其客户提供综合解决方案。ENGIE计划在未来3年内投资15亿美元用于新型能源业务和数据服务业务。作为加速转型的一部分，ENGIE于2019年成立了数字技能中心，为其运营实体提供支持，为未来的产品和服务做好准备，并创建了ENGIE Tech作为合作伙伴生态系统的开发平台，开发用于交付其产品和服务的商业软件设施。ENGIE将数字化放在集团的业务核心，通过开发数字化旗舰项目加强数字技术创新，主要举措包括：将数字化融入客户关系、利用数字化提升能源效率、在可再生能源领域搭建数字平台等。

(2) 战略重点：数字化核心战略融入企业转型全方位。

将数字化融入客户关系。ENGIE 一直致力于为国内客户开发全面的在线服务，包括能源自我管理、信息、在线销售和数字计费。预计 2020 年，将有超过 30％的客户使用 ENGIE 网站管理自己的账户。

利用数字化提升能源效率。ENGIE 推动 Vertuoz 项目实施的目标是为居民和房地产经理提供服务，提供分析能源账单的服务，并通过使用智能传感器检测能源节约方式及切入点。此外，ENGIE 还收购了能源审计的数据分析平台 Retroficiency，帮助计算能源消耗的减少量。与此同时，ENGIE 还在开发能够优化城市供暖和制冷系统性能的算法，联合进行 Nemo 项目计划优化网络，为超过 100 万个家庭和 500 万 m^2 的商业空间提供服务，并致力于通过创新提高能源效率，造福城市和区域社区。

构建汇集可再生能源资源的数字平台。ENGIE 旨在优化法国、德国、荷兰、意大利、比利时和波兰的可再生能源发电，基于六个欧洲国家已经拥有 68 个风电场和 14 个太阳能发电场。该数字平台可以托管全球所有 ENGIE 可再生能源资产的数据，使其能够预测维护需求，识别性能不佳的领域，并为现场技术人员提供实时指导。

(3) 战略特色：开放创新助力数字化项目孵化。

ENGIE 推行创新孵化计划，与创新的创业公司一起参与广泛的开放式创新计划。作为开放式创新计划的重要组成部分，ENGIE 开发了一个内部企业孵化器，当 ENGIE 的员工有了新的想法但缺乏开发资源时，可以通过 ENGIE 在线平台注册创新需求，外部创业公司提供相应的解决方案，实现双赢。2020 年 3 月底，孵化计划中出现的前五家创业公司都进入了业务加速的关键阶段，一系列创新的能效和过渡解决方案现已成为现实，如：研发一款旨在帮助行业更好地管理能源的软件应用程序 Blue.e，能够基于来自工业装置操作变量的数据，系统识别对能量性能具有最大影响的变量，提出适当的控制措施建议以进行优化。

（三）数字化转型实践

（1）技术：以数字工厂促进企业数字化转型。ENGIE 通过联合 C3 物联网和 Kony 平台创建数字工厂来促进数字化转型，构建致力于支持运营实体数字转型的全球卓越中心。

数字工厂平台建设。ENGIE 在数字工厂平台上大规模开发和应用数字技术，以提高企业运营绩效，并为其住宅、商业和工业客户提供新产品和新服务，同时提高客户的体验及满意度。数字化产品和服务应用领域广阔，涵盖对工业设施的预测维护以及智能城市等多项业务，可能会影响到所有集团的业务。

ENGIE 执行副总裁、首席数字官和首席信息官表示，数字工厂邀请约 100 位内部和外部专家（包含集团内所有的数字化、智能化专家），将他们研究专长与分布在世界各地的业务相结合，加速推进数字化战略目标的落地。

与全球数字技术领先的企业建立合作关系。同时，在数字工厂项目实施过程中，ENGIE 宣布与 C3 物联网公司、Kony 平台等全球数字技术领先企业建立合作关系，推进对物联网、云平台等新兴技术的应用，加快实施数字工厂建设以及集团转型计划。C3 物联网公司是硅谷主要从事大数据和数据分析的企业之一，ENGIE 于 C3 物联网建立的数字化平台能够管理来自智能对象的数据，并处理高容量和高性能的需求，支持 ENGIE 在数字经济中的发展，以跟上智能设备的指数增长。Kony 是智能手机和平板电脑移动应用领域的全球领先企业，ENGIE 与其合作能够弥补团队在数字化专业知识上的不同，同时从技术角度缩短集团现有移动应用项目的研发周期。

ENGIE 通过预判未来能源趋势。预测到 2050 年，50% 的能源是由大型发电厂产生并通过电网进行传输，另外 50% 的能源是在自己家中或工作的建筑物和工厂的消费点当地产生的。因此 ENGIE 以此为导向，在修剪非核心业务、燃油发电清零、减少对发电厂依赖三个关键领域采取行动，在可再生能源、供应网络、分散式解决方案等领域加大投资。

（2）管理：裁剪组织架构促数字化价值创造。

在组织架构方面，ENGIE 降低组织的重心，让员工在创造价值的过程中、在运营层面拥有更大的创造自由。 并设立五个大型部门，构建独有的国际网络，通过集成解决方案确保当客户看到 ENGIE 时，得到的是系统性、规范化的策略结果和实施计划。企业已经从一个围绕五个部门运转的组织转变为一个基于地理区域的综合性组织，每个区域组织由代表所有业务部门和整个技术架构的人员组成。

在组织架构合并过程中，ENGIE 进行了大规模重组，删除了中间结构层以缩短决策链。 同时，ENGIE 在企业转型过程中进行人员的数字化培训和数字意识培育，构建企业的数字文化，依托数字化项目创造新的就业机会，进而实现业务部门的效益增长。

（3）业务：以协同基础设施研发整合能源体系。

ENGIE 设立中国研发实验室，专注于研发协同基础设施，将不同能源系统、能源技术整合协调起来， 以实现多层次、数字化、智能化、零碳排放、以人为本的城市能耗服务。并且通过使用先进的信息技术、人工智能、数据科学来辅助商业发展部门和管理部门进行基于数据的决策。其主要业务面向建筑、基础设施的能源效率服务（B2B）、园区能耗管理（B2C）以及城市管理规划、城市能源弹性、智慧城市（B2T）等内容，实验室内容架构如图 4-1 所示。

大规模区域能源系统工程优化。 这个项目提供了一种新型的方式来大规模监测整个目标城市的工程系统，通过海量城市数据挖掘和整合分析来快速评估，评估能源系统工程技术可行性，并且结合人工智能和模拟技术来量化和确定区域能源系统的技术边界。同时通过开发人工智能的优化算法，快速分析评估数以万计的设计安装方案，结合系统负荷预测、需求波动、自动权衡，整体优化项目的资本性支出及运营成本。

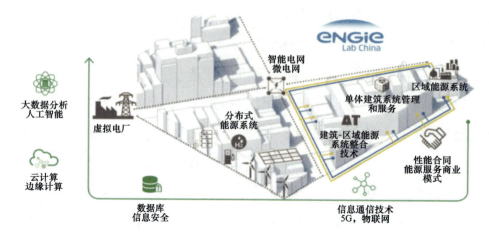

图 4 - 1　ENGIE 中国研发实验室内容架构

应用于建筑的能源系统整合以及性能合同商业模式开发。项目通过在云平台和边缘侧集成城市建筑信息模型、能耗模拟、自动控制算法、物联网信息通信技术、人工智能模块、数字孪生来实现城市中建筑的能源管理以及与区域能源系统、分布式能源系统，以及电网运行的实时信息对接以及协同控制，从而最大限度地提升能源服务质量和能耗效率，减少碳排放和对环境的影响。同时，这个项目提出了性能合同的概念和技术细节，对传统的统一式按实缴费商业模式辅助以定制化按需缴费的调整，最大化各方在建筑能源系统整合中的收益并促进项目推广。

（四）启示

ENGIE 通过数字化转型，以企业意识转型为起点开展用户深入分析，利用平台汇集领域资源，创建先进实验环境，对于电力行业以及其他行业的战略转型而言，有着重要的启示和借鉴意义。

一是企业必须强化数字意识，结合供需及能源技术实现数字化转型。数字化加速基础设施的精简化，并成为基础设施建设的核心。建立数字化意识能够改变思考和行动的方式，甚至企业的业务交易。对于能源企业来说，数字化意识已与能源技术密不可分。在这个技术关系复杂的环境中，存在越来越多信息、设备的融合，以及越来越多的点对点关系，其中数字技术存在于各个层面，因此应加强数字化转型意识，将生产与消费联系起来结合供需管理数据和设备。

二是企业应重视物联网等新技术在数字化转型过程中的落地赋能，打造以电为中心的平台。5G、物联网等新技术的快速落地为 ENGIE 创造了更多可能性，能够用于回收信息、创建允许系统运行的算法和软件以及连接系统的平台等。能源企业的发展正在从大型工厂集中式转向小型分散式，这使管理基础设施的性质发生了根本变化。企业应借助现代物联网技术，实现电力网、油气网、水网、交通网互联互通，形成以电为中心的物联网平台。

三是企业应积极适应数字化转型变革，利用数字化寻找业务增长点。当面对国家电力改革所造成的业务增长缓慢时，能源企业应适应改革，塑造积极求变的形象，通过数字化寻找新的业务增长点，重点提升服务质量，才能够在全球能源服务市场中占据主导地位。

4.3 案例3：英国石油公司全新数字化战略转型

（一）背景

受国际经济形势、疫情等因素综合影响，全球原油需求缩减、价格随之波动，英国石油公司（BP）提出了全新的数字化转型战略，不仅仅是以往战略的沿袭发展，也是应对新形势下的转型需求。

国际油气行业面临价格波动与疫情扩散的双重考验。在新冠肺炎疫情及国际形势不确定性的双重影响下，全球油气市场持续波动，也为整个能源行业的发展带来了新的挑战。

自身盈利能力下降迫使 BP 进行数字化转型。BP 是世界上最大的石油和石油化工集团公司之一，也是世界上最古老的石油公司之一，拥有 110 多年的历史，也有着敏锐的机遇察觉能力和丰富的风险应对能力。国际石油形势不断变化，迫使这家古老的油气公司随着世界能源格局的变化而不断调整自己，提出了全新的低碳数字化转型战略。

（二）数字化转型战略分析

在 2020 年 8 月 4 日，BP 整理并极具魄力地提出了全新的数字化创新转型发展战略，从一家专注于生产资源的国际石油公司转变为一家专注于为客户提供解决方案的综合能源公司，其最新发展战略主要集中在数字化加速低碳业务发展方向。

（1）战略简介：弃油从"新"，数字化技术全面支撑业务转型。

BP 为应对新冠肺炎疫情及油价波动的双重影响，极具魄力地提出了利用数字化建设，实行全面收缩的油气业务及全面扩张的低碳业务策略。 BP 主动放弃绝大多数勘探业务以提升效益，加大数字技术应用催生低碳业务新业态扩张，实现远景"净零"排放目标。随着主要传统油气项目的完成，降低传统资本密集度，并持续以数字化提升油气开发效率，利用数字化技术推动收益和平均资本使用回报的增长；基于数字技术应用构建低碳一体化业务组合，利用 5G、人工智能、云计算、区块链等技术协同支撑低碳业务新业态扩张，包括可再生能源和生物能源，以及氢能和碳捕捉、利用与封存的早期市场地位。通过实施数字化转型，BP 推进数字化新技术与低碳业务深度融合，基于数字化技术应用推动低碳业务全面扩张。

（2）战略重点：明确数字化创新应用路径，重点提升新业务效率。

BP 拟定了以数字化转型和创新为核心的价值创造路径，重点提升低碳新业务的推进和运营效率。 数字化创新的主要领域被认定为低碳电力和能源、便利零售和移动出行、更具有韧性和针对性的油气开发。而价值创造的途径被认为有以下三个方面：数字化支撑下的综合能源服务系统，与各个国家、城市和行业合作的数字化平台，以及数字化创新下的客户交流方式。BP 计划今后 10 年内每年在低碳领域投资约 50 亿美元，10 倍于现今的年度低碳投资数额，在上述的三个重点领域，通过系统、平台和沟通三大路径，提升 BP 油气业务运营效率和低碳业务的推进效率。

（3）战略特色：依靠数字化转型创新实现"净零"排放。

全新的数字化创新发展战略的引入和数字化转型，将推动实现 BP2050 "净零"的远景目标。虽然 BP 的数字化转型也对其他战略目标进行了阐述，但其着重强调了全新的数字化创新发展战略将为实现"2050 年或之前，成为净零公司"以及相应目标带来实质性进展。每年在低碳领域的投资从 5 亿美元增加到50 亿美元左右。到 2025 年增加到 30 亿～40 亿美元，利用 5G、人工智能、云计算、区块链等技术协同支撑油气业务的成本韧性建设和低碳业务新业态扩张。到 2030 年，BP 计划取得如下重大进展：运营排放比 2019 年减少 30％～35％；上游油气生产过程中所产生的碳排放，比 2019 年减少 35％～40％；销售产品的总体碳强度，比 2019 年降低 15％或更多；甲烷测量装置到 2023 年部署完成，将其强度减半的目标取得阶段性进展。

（三）数字化转型实践

（1）业务：利用投资组合提升成本韧性和碳韧性。

数字化技术的服务化、智能化、网络化将赋能 BP 未来油气业务组合，使其更具成本韧性和碳韧性。未来 10 年，BP 石油和天然气日产量计划将至少减少 100 万桶油当量，相当于在 2019 年的水平上减少 40％。BP 数字化转型的目标是利用大数据、数据挖掘等技术，通过积极的投资组合管理，到 2030 年传统油气产量下降 40％，炼厂产能下降至 120 万桶/天左右，开发约 50GW 的净可再生能源发电装机容量，比 2019 年增加 20 倍，并通过数字化生产与营销贯通，实现消费客户人次翻番，达到每天 2000 万人次。可再生能源发电装机容量从2019 年的 2.5GW 增长到约 50GW，生物能源日产量从 2.2 万桶增加到至少 10万桶，氢能业务在核心市场的份额增长到 10％。

（2）管理：管理简约现代化落实三大重点领域。

BP 管理简约数字化落实在以下三个领域：低碳电力和能源，便利零售和移动出行，更具有韧性和针对性的油气。BP 将简洁化和现代化写入了战略报告，试图在数字化转型中抓住新机遇，使组织结构和流程更加简洁化，并引入数字化的解决方案来提升运营效率和客户服务水平，与其利益相关者共同迎接新时代的到来。在可再生能源和生物能源领域扩大规模，在氢能和CCUS（碳捕捉、利用与封存）领域寻求早期市场地位。建立基于客户需求的天然气资产组合管理策略。将客户置于BP的核心地位，利用5G、大数据等技术帮助加速全球移动出行革命，重新定义便利店零售管理，并扩大BP在成长型市场的份额和油品销售。BP将持续对安全和运行可靠性进行数字化管理，计划提高资本和成本生产率，以降低资本密集度，并利用数据平台积极保持高水平的投资组合管理和成本管理，从而使勘探和炼油产量显著降低，且更具竞争力。

（3）技术：综合能源服务系统赋能价值创造。

BP计划建设数字化支撑下的综合能源服务系统，赋能企业价值链效益创造。 BP的数字化变革贯穿整个价值链，基于数字化的技术发展和战略转变，BP整合了前中后台数字能力，激活上中下游业务资源，优化能源数字化系统服务，为客户提供全面的服务品类。同时与各个国家、城市和行业合作建设数字化平台，通过整合BP油气业务和低碳业务的相关方数据资源，探索不同的"净零"途径。基于数字化共享设施平台的建设，BP将成为一个低碳零排放的综合能源服务整合运营商。

（四）启示

BP于2020年8月宣布了全新的十年数字化转型战略，将重塑其业务，从一家专注于油气勘探开发的国际石油公司转变为一家专注于为客户提供数字化解决方案的综合能源公司。从BP的数字化转型发展中，得到了以下几项重要启示：

一是企业数字化转型需要敏锐的发展眼光及强大的转型魄力，助力业务生态升级。 在上一阶段的战略中，BP已经开始了对数字化应用的认知和推动。面对新冠肺炎疫情和油价低迷的双重打击，这一阶段BP战略性地认准了发展机遇，更改了前期拟定的硬性投资效益指标，着手以低碳数字化转型为中心，以期业务生态的全面转型升级。能源电力企业数字化转型应根据自身情况，抓住历史机遇，实现数字化转型升级。

二是企业需要明确数字化转型价值创造路径，多方面加强重点发展领域。BP 拟定了极其清晰的数字化创新转型发展路径，以再生能源和生物能源领域、便利零售和移动出行领域和更具有韧性和针对性的油气开发领域作为数字化转型的重点发展方向，以数字化平台、综合能源系统和创新沟通方式作为具体价值创造和放大途径，实现差异化的数字化转型。能源电力企业应该明确数字化对价值创造和价值放大的助力途径，提出有特色和针对性的数字化转型重点领域。

三是企业需要提出可量化的数字化转型指标，推动数字化转型各阶段发展。BP 为其新的十年战略提出了详细可量化的发展指标，包括投资额度、成本控制预期、效益预期、各阶段分业务的碳排放数量以及承诺股东权益，都设计了详细的评价和实施指标。该指标的提出有助于转型战略得到广大投资者的支持。国内能源电力企业也应该提出可量化、可实施、可考核、可跟踪的转型指标，做好数字化转型各阶段的发展评估和调整。

四是加强数字化转型环境认知分析和战略预演，警惕业务发展匹配不足。BP 在上一阶段的战略中就提出来利用数字化的解决方案来提升运营效率和客户服务水平，收集了相关的数字化经验，故而现阶段敢于率先提出具有魄力的战略转型方案。其他能源电力企业在学习经验的同时，应该加强环境认知和战略预警，警惕事前准备不足、业务架构与数字化转型的结合乏力。

4.4 小结

总体来看，国外能源电力企业已经开展了一些成功的数字化转型探索，实现行业技术和数字技术的融合，在数据感知和运营优化方面有先进的实践经验，对能源数据资源的价值挖掘较为深入。

一是以能源数字化推动商业模式创新。数据成为数字时代新模式、新业态创新的主要动能，能源企业也在不断探索新的商业模式。能源企业立足于传统业务，利用行业技术和数据的优势，拓展和培育新的业务领域。随着各类能源技术的成本下降，越来越多的新型能源商业模式不断涌现，技术发展和商业模式相互迭代。意昂和谷歌合作推出了名为"采光屋顶"的项目，拓展分布式光伏业务。以法国燃气集团为首的一批能源企业也在探索布局以智能照明系统为基础的其他智慧城市发展商业模式，包括交通管理、充电服务、环境监测等。能源在其他行业领域的渗透性强，以能源为核心开展商业模式拓展具有跨界创新的潜能，具有很广阔的发挥空间。未来的能源商业模式将更多依靠数据和数字技术驱动，并不断向清洁、高效、分布式方面发展。

二是以数据挖掘推动运营决策精益化。能源企业积累的海量行业领域专业数据将首先被应用于业务运营效率的提升。壳牌依托数字化手段开展了"虚拟钻井"，意大利电力公司通过分析变电站运维历史数据实现对变电站的预测性维护。通过对海量业务运营数据的分析挖掘，能源企业改变了原有的经验驱动的决策管理模式，依托多维度数据分析，极大地提升管理效率、压缩管理链条、实现不同场景个性化决策，提升了决策管理的客观性、精益性和敏捷性。

三是由优化产品质量向提升消费体验转变。当今客户不止关注产品本身，而且越来越重视消费体验。在这样的趋势下，越来越多的国外能源企业开始依托数据驱动客户体验的改善。目前几乎所有国外的能源企业都开发了在线服务和在线自服务应用，使客户可以通过手机移动端实现在线的查询、交费、管理等操作，实现线上线下服务渠道融合，优化对客户的理解，并在此基础上拓展其他服务模式。

电力企业依托智能电能表开展智能家居服务，通过智能电能表和其他智能设备的整合，使客户可以通过电脑或者手机对家庭用能进行管理。越来越多的能源企业推动其价值创造核心从能源产品提供向能源服务提供转型，而这种能源服务的核心就是数据服务或数据应用服务。

专题篇

5

企业数字化成熟度指数
构建及应用

本章关注典型企业数字化转型阶段成熟度的评估，意图发现不同行业对数字化转型在阶段目标与战略认识上的异同，以数字化应用相对落后的能源行业、疫情下形势严峻的制造业、数据成熟应用的金融业、数据应用生态丰富的零售业、持续追求转型的交通行业为主要分析对象，在疫情背景与"新基建"政策要求下从宏观上关注不同行业实际影响要素、大型企业数字化成熟度评估理论、实际数字化成熟度评估案例进展，从多维度影响因素入手，考虑数字技术、领导决策、运营、战略、客户、数据管理及应用、人才培养、投资、应急管理模式等维度综合评价企业数字化成熟度。

5.1 典型企业数字化转型成熟度分析

疫情背景加速了大数据、云平台等数字化技术的发展与应用，也使得"新基建"提前迎来了巨大需求。在复工过程中，一些自动化、数字化程度较高的行业或企业率先启动，这与企业自身数字化转型成熟度水平不无关系，也从侧面说明企业数字化水平越高，受疫情影响越小。

随着疫情战场由国内转向国外，电力、石油、煤炭等能源领域的企业面临着最大的不确定性。当今国际环境复杂，全球能源战略博弈持续深化，国内能源发展转型面临诸多挑战，因此能源企业要从核心功能、产业生态、管理模式等方面抓住新基建机遇，将企业数字化变革落在精益化管理与数据开放中。此次新冠肺炎疫情对数字化转型在客观上起到了倒逼作用，制造业企业更加重视智能制造，推进少人化生产和柔性制造，裁撤低附加值的岗位，提高高技能和多技能薪资，以保障关键岗位稳定性，从而更好地应对劳动力供给的波动。交通业正面临数字化变革，疫情期间"新基建"的加入让整个交通体系具备了"一切可连接、一切被连接"的能力，使路网、车辆、出行者、管理者等交通要素通过信息技术汇总到一起。

5.1.1　能源行业

以"大云物移智"（大数据、云计算、物联网、移动互联网、人工智能）为代表的新一波数字技术浪潮席卷各行各业。在能源领域，由于能源类型的丰富、环境要求的逐渐严格、消费与供给需求关系的复杂化，以及数字技术对行业的加持与革命性变化，经济效益和行业竞争，能源行业成为最易受变化影响的行业之一。疫情影响下能源行业急需建立多元、安全的供应保障体系，在进一步降低全社会用能成本的基础上实现新发展，寻求能源数字经济新模式，积极从原始的能源产品供应商，向先进能源科技创造者、能源服务提供商转型。

（一）疫情之下，能源行业面临的挑战值得重视

虽然能源行业曾经是数字化技术应用的领先者，但目前相对其他行业已处于落后状态，在疫情中暴露出能源应急管理制度、能源储备安全、能源跨区域调度能力方面的挑战。

（二）能源行业需要抓住新型基础设施建设新机遇

随着新型基础设施建设任务的大力推进，能源行业的数字化转型要能做到：抓住新型基础设施建设的核心功能，为发展数字经济提供可用、好用的数据生产要素；抓住数字产业化与产业数字化两条主线，加大数字生态升级；从万物互联的新趋势抓住新型基础设施建设带来的企业管理新模式。为明确企业数字创新竞争力水平，深入开展数字化转型下创新业务模式价值分析，辅助企业战略决策，必然需要开展企业数字化阶段研判评价，即数字化转型成熟度评价。

（三）开展数字化转型成熟度评价是必要路径

能源企业开展数字化转型成熟度评价，是能源企业领导者、行业专家把握企业数字化转型进程，辅助企业数字化转型决策，实现高度成熟、高确定性、经过量化的数字化行动和技术落地的必要路径。

针对能源类企业数字化转型成熟度评价，埃森哲公司认为应特别分析行业

价值与社会价值，行业价值聚焦价值的增长与迁移，社会价值更关注对客户、社会、环境和经济发展的实际影响。

行业价值包括数字化举措对行业运营利润产生的潜在影响和运营利润会在不同的行业参与者之间切换两要素，可概括为价值增长和价值迁移。社会创造的风险价值包括客户、社会、环境和经济发展四项要素，其中社会（就业）问题和经济发展问题在疫情下尤为突出。疫情中，企业普遍遇到资金、业务开展的压力。数字化转型成熟度较高的企业则能够通过数字化工具、线上办公平台等手段维持工作并进行线上招聘，缓解就业的紧迫形势，数字化转型较为成熟的企业数字经济占比较高，以能源数字化推动商业模式创新，对于突发情况的适应性更强。

提升行业价值，降低社会因素影响风险，企业数字化转型过程中应具备资产生命周期数字化管理、循环协作式生态系统构建、新型业务空间开辟、助推新能源迅速发展、应急危机管理等能力。

以本次疫情为契机，体现出能源行业还存在应急管理方式不完善、新业务开辟较为被动等数字化转型过程中的问题。对此，能源行业更加关注的是数字化转型基础设施的建设，将数字动能的开发列为核心工作，对于个体的个性化需求，则面临较大的挑战，从销售端传递而来的是一个动态化、持续化的过程，无法一蹴而就。企业必须采用务实的变革方法，并且持之以恒、循环推进地重视就业、经济发展等社会价值，应打破用户对相对封闭的能源传统的服务简单、产品单一的印象，树立起以高科技为手段、以数据为动能、追求多元服务、敏捷响应客户需求的新型能源科技服务企业形象。

5.1.2　制造业

（一）制造业在转型特点上与互联网等其他行业存在很大区别

一是复杂性：上千万个零部件的制造过程要求专业知识、技能的精密配合；**二是封闭性**：长期以来，制造业是一种垂直型的生产组织，行业内具有多种模型进行支撑，这与电商、物流的开放平台完全不一样；**三是资产的专有性**：制造业为以企业重资产为主的模式，很难像互联网行业的轻资产模式那样具有高灵活性和低风险性，无法轻易实现对风险的控制；**四是长周期性**：制造业中产品开发、资产循环及技术更新都不是一蹴而就的，时间周期、迭代速度和软件、互联网的速度大不相同，因此在把握制造业自身的特点的同时，还要找到和数字化的结合点。

（二）疫情的迅速蔓延，给我国制造业的数字化转型升级带来了新的严峻挑战

2020 年 2 月，在新冠肺炎疫情暴发的初期，我国制造业 PMI（采购经理指数）由 1 月的 50.0 下跌至 35.7，同比去年减少了 30%。因此，基于疫情下复工复产的迫切需求，制造业在该阶段必须依靠数字化转型，让各类要素重新配置，生产制造更加智能，推动由工业经济向数字经济演进的重大变革。

（三）制造业成熟度评估方式包含 6 个维度

依据工业 4.0 相关指标，可以从战略和组织、智能工厂、高效运营、智能产品、数据驱动服务、员工 6 个维度对制造领域企业的数字化转型成熟度进行评估。

案例：浪潮集团依托数字化手段，打造浪潮智能工厂

浪潮集团是中国本土综合实力强大的大型 IT 企业之一，作为中国领先的云计算、大数据服务商，其业务涵盖云数据中心、云服务大数据、智慧城市、智慧企业四大产业群组。

浪潮智能工厂应用了工业互联网平台，包括 2 条柔性智能产线、1 座智能立体仓库、8 座智能老化中心和严苛品控实验室，以及一座智能现代化的物流中心，实现了人工智能、工业互联网与制造业的紧密结合，也是中国服务器领域第一条高端装备智能生产线。

疫情复工过程中，智能工厂充分利用智能生产系统，仅用1晚准备，就实现服务器生产紧急复工，且复工之初的产能利用率达到80%，保障防疫控疫前线的IT设备需求，做好产品供应及交付工作，为全国疫情防控信息系统建设提供有力支撑，实现依托大数据、人工智能等信息科技手段助力打赢这场防疫阻击战。

在制造业数字化转型成熟度评价标准下，浪潮集团通过运用数字化技术构建智能工厂，实现高效运营，面对经济环境的不稳定、不确定性能够保持企业运营的敏捷性和韧性，成功实现了企业的数字化转型。

（四）传统产业数字改造和转型是新基建的价值所在

新基建将促进工业互联网、5G、人工智能、数据中心加速发展，为制造业高质量发展提供关键支撑。尤其是在疫情压力测试之下，制造业数字转型需求和市场被激活，数字新基建的基础支撑作用愈发凸显。因此应以新基建为契机，从加强数字新基建建设、打造工业互联网平台体系、数据开放共享、供应链安全管控、打造工业互联网开源生态等方面加速推动制造业数字化转型进程。

疫情复工过程中，制造企业产业链和价值链高端体现出重要意义，下一步可以依托新基建相关项目加快科技攻关，开发出具有自主知识产权的技术和产品，努力打造完整的产业链，增强产业链的抗风险能力。这样在突发情况下，可以确保产业链、供应链的安全，平抑进口价格，有利于降低成本，提升我国产业的竞争力。

5.1.3 交通运输业

交通运输业数字化价值评价指标，围绕战略重点、专业技能和工作方式进行评价。

IBM 提出了交通运输业数字化价值评价指标，围绕战略重点、专业技能和工作方式三个维度进行评价，强调数字化成熟度较高的交通运输企业应以客户为中心，能够重新审视行业价值链和业务模式。

(1) 形成新的战略重点。交通运输企业需要开发新的价值实现和获益方式，相关举措包括创造新的业务模式、发现新的融资形式、建立更全面有效的风险评估方式。数字化重塑领导者还需要制定战略和执行计划，为交通运输行业营造符合情境的深入体验。在战略上，将业务模式和市场活力作为数字化价值评价的重点。

(2) 培养新的专业技能。最具创新精神的行业领先者必须对产品、服务和流程进行数字化改造，重新定义体验。他们需要通过预测性分析、认知计算、物联网和自动化技术丰富这些步骤，建立完全整合、灵活而且敏捷的运营环境。在技能上，将人才和统筹式生态系统作为数字化价值评价的重点。

(3) 建立新的工作方式。交通运输业数字化转型的领先者必须发现、留住和培养必要的人才，为创建和维持数字化企业积蓄力量。他们需要大力培养和保持创新文化，融合设计思维、敏捷工作和不怕失败等要素。他们还需要在业务生态系统中根据环境划分业务的优先级，并在整个互动系统中寻求新的合作方式和新的创收渠道。在工作方式上，将运营模式和洞察力作为数字化价值评价的重点。

作为一个突发外部变量，新冠肺炎疫情从用户偏好、技术水平、行业生态等多个维度改变着城市交通。对于疫情下隔离封锁期间的城市来说，公共交通和物流至少有着双重责任——保障与阻断。在居民出行和社会活动大幅压缩的前提下，交通领域企业利用数字化手段保障通勤等刚性需求，同时尽可能阻断疫情传播，降低交叉感染风险，这是疫情背景下城市交通亟待解决的课题。

案例：公共交通依托数字化手段进行疫情防护

疫情期间"不接触"的原则倒逼交通数字化和智能化变革加速，智能技术大规模落地并得到精进。上海多条公交线路推出了防疫登记二维码，乘客通过扫码登记身份和信息，便于卫健委等有关部门在接到疫情通报后，能够通过乘车登记信息，及时联系追溯相关密切接触者，保障广大乘客的健康、安全。

疫情下"智慧铁路"也顺势而行。中国铁路利用科创技术驱动铁路向智能化、数字化转型。在疫情防控期间，铁路系统中电子客票自助退改签、无接触进出站、网上办理返岗务工团体票等优势作用充分显现。此外，中国铁路努力打造数字化的运输组织构架，结合"五一"等假期人员流动显著增加的实际，依托大数据分析手段，以旅客出行为导向，精准预判客流、科学分配运力，充分发挥了高铁朝发夕至的快旅慢游优势和票价杠杆作用，因势利导，助力民众错峰有序出行，为疫情防控贡献铁路力量。

（4）新基建改变交通服务格局。新基建的加入，让整个交通体系具备了"一切可连接、一切被连接"的能力，路网、车辆、出行者、管理者等交通要素从物理世界迁移到数字世界，每个被数字化的个体都成为一个信息物理系统。交通不再仅是铁路、公路、水路、航空几个垂直领域独立的客、货运输，而是围绕旅客的出行流、货物的运输流、交通综合监管流形成的综合立体大交通数字化、网络化、智能化服务体系，交通数字化转型是实现融合的核心。

对新形势下的交通运输业进行数字化成熟度评估，应充分考虑疫情背景和新基建政策影响，针对暴露出的数字化公共治理能力薄弱、智能化建设滞后、共享化出行韧性不足等问题，将交通业数字化转型评价重点放在提升数字化治理水平、创新城市交通服务形式、升级设施设备和运营方式和增强城市交通系

97

统韧性上。

5.2 企业数字化转型成熟度评估模型

本节将深入研究案例的理论与模型层面，对多维度的影响因素展开体系化梳理。从数字化转型成熟度分析的内涵、目标出发，以国内外数字化企业的成熟度评估理论研究展开分析，研究设计了具有共性的企业数字化转型成熟度评估的基本框架。

5.2.1 企业数字化转型成熟度评估的内涵及目标

数字化成熟度是指企业积极应用数字技术，践行数字化发展理念，开展管理变革和转型升级，从而实现的对数字时代的一种综合适应能力。数字化成熟度体现在企业在数字化甚至是运营管理等各个领域的数字化素养，涉及企业从战略到实践、从技术到文化的方方面面，是衡量企业数字化质量的有效方法。

数字化转型成熟度评估能够帮助企业认识到数字化转型目前的短板，并指导企业的转型实践。不同行业在数字化转型方面的侧重点会有所差异，本节所构建的数字化转型成熟度评估模型是在分析不同行业数字化转型的特征的基础上，针对新基建和新冠疫情下的行业形势影响，总结核心共性要素，补充新形势下行业发展要素，构建为一个能够满足共性需求的通用数字化成熟度评估模型，一方面能够增加企业之间的横向对比性，另一方面可以方便企业按照自己的发展需求嵌入具有本企业特色的指标。

5.2.2 国内外数字化成熟度评估理论

梳理分析国内外研究机构、咨询公司以及数字化领先企业在数字化成熟度评估方面的模型发现，不同的机构对数字化转型的理解角度、视野有所差异。评估模型的建立大致可分为以下两类。

（一）两维度数字化转型评估模型

哈佛商业评论、阿卡迈公司等机构所设计的数字化评估模型采取了化繁为简的方法，评估模型均将企业的数字化转型拆分为两个维度，一个侧重技术硬实力，另一个侧重企业转型软实力，最终的评估形成呈现在二维象限中。

案例：两维度数字化转型评估模型

阿卡迈公司建立的数字化成熟度评估模型，着眼于数据与安全两个影响数字化体验重要因素，将评估企业分为四种成熟度级别：怀疑者（刚刚开始数字化之旅，发现自己较不了解客户不断改变的期望），采用者（在数字化技能和基础设施上进行投资），合作者（打破传统孤岛），突出者（努力满足不断变化的客户期望，并为此提供所需的预算）。

哈佛商业评论在麻省理工斯隆商学院评估模型的基础上做了微调，将数字化评估拆分为数字化能力和领导力，其中数字化能力又拆分为 7 个子维度来衡量数字化技术在企业经营管理中的应用情况，通过打分模式加权得到数字化能力综合值。领导力维度也拆分了 7 个子维度来衡量数字化转型中所需要的其他非技术因素的情况。

阿里云建立的数字化遵循成熟度模型从数据应用和网络协同两个维度进行评估，数据应用拆分为信息管控、数据在线、数据运营、数据智能和数据自驱五层，网络协同拆分为企业内部管理效能、客户协同、平台协同和生态协同四层。

两维度数字化评估模型的优势是通过简化合并了数字化转型所涉及的领域，降低了对数字化转型理解和评估的门槛。同时两维度评估模型的缺点也很明显，维度合并之后很多重要的维度被整合或者简化，评估模型难以有效指导企业开展数字化转型，实践实用价值偏低。

（二）多维度数字化转型评估模型

和两维度评估模型不同，大部分的机构都通过构建多维度数字化评估模型来开展数字化转型评估，维度选择上会有所不同，但是一般都呈现出覆盖面广、软硬结合、虚实兼顾的特点。

案例：多维度数字化转型评估模型

戴尔中国小企业事业部与IDC（国际数据公司）联合构建了小企业数字初始化指数测评模型，涵盖不同类型小企业在数字化办公、数字化管理、数字化运营、数据管理和新技术应用五个维度。根据每一个维度发展的成熟度对其赋值，得到小企业在不同维度下的权重系数。

在工业互联网产业联盟发布的《工业互联网成熟度评估白皮书》中，将工业互联网成熟度评估的三大核心要素归纳为互联互通、综合集成、数据分析利用，面向离散行业和流程行业提取了共13个关键能力（其中离散型制造包含11个，流程型制造包含10个），并分别给出了相应的能力等级，等级越高表示能力越强（详见图5-1）。

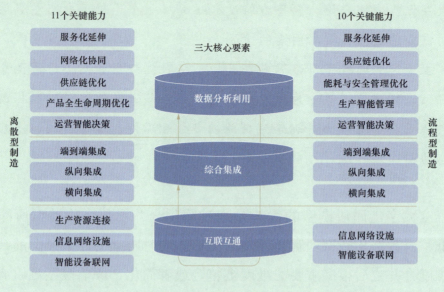

图5-1　工业互联网成熟度评估的关键能力

　　为便于工业互联网成熟度评估体系的快速应用推广，在选择评估指标时既要避免指标信息遗漏，又不能过于烦琐，需要从广度和深度两方面进行平衡。工业互联网成熟度模型采用三层指标评估体系：三大核心要素、13个关键能力分别作为一级指标、二级指标；三级指标充分考虑了评估的简单易行，力求突出重点，从近百个评估指标中分别选取28个和23个形成评估指标体系。离散行业工业互联网成熟度评估指标体系如图5-2所示。

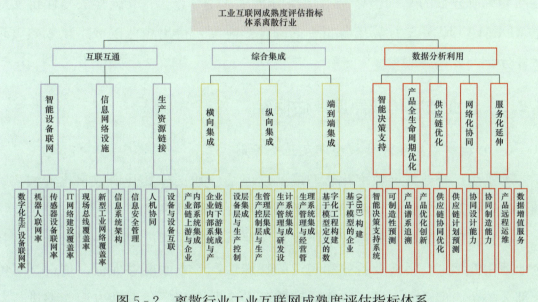

图5-2　离散行业工业互联网成熟度评估指标体系

　　不同的评估模型所涉及的评估维度有一定的共性，但是同时也具有差异。多维度数字化转型评估模型的优势在于能够详细地拆分企业数字化转型所涉及的领域，能够有效帮助企业定位到自身的转型存在的短板。缺点是对于数字化转型中存在的重点凸显不足，开展全面评估的难度较大。

　　在评估应用方法方面，由于数字化发展涉及范围广，很多指标都难以通过客观方式进行量化，因此大部分的评估模型都是采取专家打分法。为了克服专家打分法主观性的问题，西门子的评估模型采用问卷调研的方式，通过线上填写问卷的方式得到不同企业数字化转型情况，并汇总得到行业数字化转型平均水平。通过问卷模式能够有效降低过于主观导致的偏差。

工业互联网成熟度评估模型结合了专家法、问卷调查法和试评估结果反向调整法等多种方法确定指标权重，设置过程包括征集专家意见、在线评估问卷调查、评估结果反向调整，能够避免出现少数指标分值很高而决定整体评估结果的情况。为了使评价模型覆盖范围更全面、评价过程更科学，部分评估模型在问卷调研分数的基础上，结合层次分析（AHP）— 决策试验法与评价实验室（DEMATEL）法计算出各指标的综合影响度，得出企业的数字化成熟度现状评分。

5.2.3　企业数字化成熟度评估框架

（一）构建成熟度评估模型满足几个原则

为了满足企业开展数字化转型成熟度评估，并支撑其开展数字化转型实践的要求，构建数字化成熟度评估模型满足几个原则。

(1) 通用性原则。构建数字化成熟度评估模型在维度选择上尽可能地选择企业通用性维度，不涉及行业和企业的特殊性，一方面能够保证评估模型对绝大部分的企业都适用，另一方面能够使不同企业在数字化发展方面能够进行对比和对标，形成对自身发展的客观认知。

(2) 重点性原则。企业开展数字化发展所涉及的范围很广泛，在模型评估维度的设置上要尽可能地考虑企业开展数字化转型的各个方面，并从中选择最核心、最重要的维度纳入指标体系。

(3) 实用性原则。评估指标的选择主要以结果指标为主，能够帮助企业清晰定位到现阶段数字化转型过程中存在的短板，通过数字化成熟度的评估能够直接指导企业开展数字化转型的工作。

(4) 可操作性原则。数字化转型涉及领域广，且很多维度很难直接量化得到，评估过程应充分考虑模型实施可操作性，在此基础上提升评估模型的量化能力。

（5）结果性指标为主的原则。不同企业适合不同的数字化转型手段，为了不在转型的方法和过程上进行价值判断，下文在指标和维度的选择上主要以结果性指标为主。

对包括埃森哲、德勤、德国工程院、戴尔等共计22家机构的数字化评估体系进行了系统的分析，发现目前评估主要聚焦在10个维度，其中数字技术、数据管理及应用、商业模式及生态、人才培养等因素被认为更为重要，如图5-3所示。

图 5-3　近两年数字化评估特征维度对比

未纳入图5-3中的数字化发展评估维度还有组织结构、盈利模式、协同能力等维度，仅在单一或少数指标体系中出现。

（二）综合考虑设计评价新维度

综合考量当下新基建政策和新冠肺炎疫情等突发问题，在图5-3所示10个维度的数字化转型成熟度评估模型的基础上，将投资内容评估重点放在新基建企业资本投入情况，并加入针对重大突发问题应急管理策略的应急管理模式的新维度，依托设立相关的问卷开展评估分析。通过发放问卷的方式开展数字化能力评估，通过在线发放问卷，筛选有效问卷开展评估。问卷除基本信息之外，共涉及22个问题（包括15个评估题和7个认知判断题），分别针对数字化转型成熟度的11个维度（见表5-1）。

表 5 - 1 数字化转型成熟度维度表

第一部分：基本信息		
学历、公司、行业、职务等		
第二部分：评价维度		
序号	维　度	题　目
1	战略	1，2
2	数据管理及应用	3，4，5
3	数字技术	6，7
4	支撑管理	8
5	支撑业务	9，10
6	商业模式及生态	11，12
7	人才培养	13
8	文化	14
9	资金（新基建方向为主）	15
10	信息安全	16
11	应急管理模式	17
第三部分：态度认知		
1	对数字化的认识和需求	18，19，20
2	疫情下应急举措	21
3	新基建项目参与程度	22

5.3　能源行业数字化成熟度分析

（一）能源数字化转型具体实施阶段评估维度

对能源行业的数字化转型发展状况进行评估，目前已经步入了数字化转型具体实施阶段，虽然在信息安全、应急管理模式、新基建资金投入等数字化评估维度上表现突出，但受到行业特殊性等因素限制，其短板主要表现在以下方面：

（1）以技术对业务赋能需要更注重落地实效。

能源行业业务与新基建项目有较多的重合之处，在新基建政策支持下，很多能源企业提高投资金额，所以数字化成熟度评估维度下投资对应分值较高。能源行业业务相对清晰，一般是以能源生产、消费为主线，业务专业性较强，相应的数字化转型战略重点和目标也更为突出。新基建涵盖5G、云计算、人工智能等新技术，作为数字产业化和产业数字化的基础设施，将给产业升级带来更大的空间。成熟度评估数字技术维度的分值较高，说明能源行业稳定的线上产品和成型的技术团队存量较多，重视区块链、大数据等数字技术与能源产品结合研究。但转型过程中，数字化技术在应用、实施过程中的效果并不理想，很多能源数字化产品只是提出构想，难以落地实现，因此这也解释了图中商业模式及生态分值不高的原因。

（2）重视能源安全与应急管理。

在应急管理模式上，由于能源问题的出现会对能源系统及社会造成危害，能源行业整体应急管理体系构建意识较强，已经针对应急预案管理、能源危机场景应对措施等方面展开相关研究，因此该部分分值较高。

（3）文化与人才培养仍需提升。

应该看到，能源行业在文化（行业中表现为制度）、人才培养等数字化评估维度上存在明显短板，人才培养分数也偏低是由于能源行业中人力资源结构以业务技术人员为主，数字技术人才短缺现象比较明显，进而影响了数字化顶层设计和建设。制度中数字化体现较弱，应通过开展用能数据服务研究，加深企业业务人员和数据管理人员对企业业务及数据的理解，强化对数据价值的认识，在数据管理、数据价值挖掘和大数据应用领域，全面带动提升各单位业务人员的数据意识、数据应用和数据变现能力，提高企业对于经营状况的综合分析能力。培养企业员工数据意识，形成识数据、用数据、懂数据的数据文化，为企业数据业务开展提供人才支撑。

下面基于企业数字化转型成熟度评估模型，分别对能源行业下电力、石油、煤炭三个领域企业进行数字化成熟度分析，综合考量问卷调查以及专家打分的结果，最终得出百分制下三个行业 11 个数字化转型评估维度的具体分值，如图 5-4～图 5-6 所示。

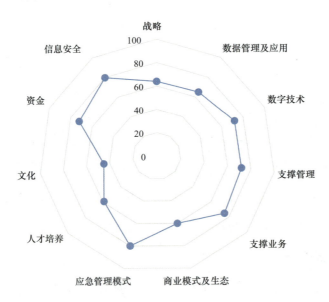

图 5-4　电力行业数字化成熟度评价结果

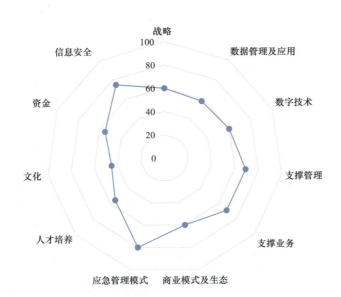

图 5-5　石油行业数字化成熟度评价结果

总体而言，能源行业中，电力、石油、煤炭三个领域数字化转型过程中各环节优劣势明显，依旧存在明显的短板，数字化成熟度仍有待提升。

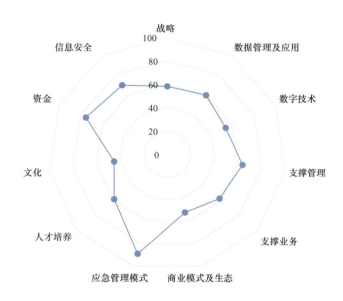

图 5-6　煤炭行业数字化成熟度评价结果

（二）能源行业数字化成熟度评价雷达图对比分析

对比石油、电力、煤炭三行业数字化成熟度评估分值雷达图，可以发现，石油和电力雷达图中各数字化维度评估分值分布形状基本无太大变化，都是以信息安全为突出的水滴型，表明这两个能源行业在数字化转型发展上发力较为平均。但由于电力行业在应急管理模式维度的突出表现，以及对新基建相关项目投资金额大幅增加，电力行业数字化成熟度评估雷达图中形成了文化、人才培养的数字化"洼地"，体现出组织在重新定义员工的数字化思维模式、工作方式和全新数字化理念上存在欠缺，目前该行业没有为数字化转型储备足够的人才，在不断推进其他维度数字化转型的过程中忽视了数字化人才建设的重要性。在煤炭行业雷达图中，由于资金投入、数字化人才培养的突出表现，也存在明显的"文化洼地"，形成原因与电力行业文化不足基本相同。

相比于石油行业雷达图，商业模式及生态也是电力及煤炭两个行业数字化成熟度评估中出现的另一"洼地"。虽然能源行业内数字技术的研究和开发较为成熟，且手握庞大用户用能数据，但实际生产运营过程中对于数据资产化运营与价值挖掘，利用多方数据提升企业价值创造等方面还有不足。在此情况下，电力及煤炭行业数字化转型过程中商业模式及生态构建程度相对较低，数据产品化链条尚未打通，主要表现在：一是数据分析能力有限，数据模型与业务需求匹配度有待提升，功能有待深化；二是数据产业化思维尚未形成，对数据产品仍存在思想不统一、惯性思维等问题，无法利用数据逻辑将数据价值封装并传递，最终形成可推广、可复制的数据产品；三是依托数据的商业创新模式探索不足，对数据产品后续的支撑力有待提升。

从三个行业的数字化转型雷达图形状来看，应急管理都是表现较为突出的一方面。从行业内容上来说，能源行业中煤炭、石油等内容上更易在操作安全、突发状况、应急管控上发生问题，全行业对于应急管理体系构建较为重视，实践经验相对来说也更多。从环境影响上来说，在应对疫情和防汛的过程中，应急管理发挥了极大的作用，小到企业各个部门的应急预案，大到国家整体的应急管理体系，内容质量及重视程度都有了明显的提升。

（三）能源行业的数字化转型发展状况评价分值对比分析

通过对比电力、石油、煤炭三行业的数字化成熟度评价结果，对图5-4～图5-6中每个维度的具体分值进行排比分析，按照不同维度对数字化转型发展的影响比重分配权重系数，定量三行业下数字化转型成熟度评估分值，如表5-2所示。

表5-2　　　　能源行业数字化转型成熟度评估分值对比

数字化成熟度评价维度	能源行业的数字化转型发展状况评价分值		
	石油行业	电力行业	煤炭行业
数字技术	60	72	54
数据管理及应用	58	65	60
商业模式及生态	50	60	52
人才培养	55	59	59
支撑管理	69	72	64
支撑业务	69	75	58
战略	60	64	58

续表

数字化成熟度评价维度	能源行业的数字化转型发展状况评价分值		
	石油行业	电力行业	煤炭行业
文化	45	45	45
信息安全	75	80	70
资金	55	72	75
应急管理模式	80	80	89
评价加权总分	62.9	68.4	61

对比三个行业数字化转型评价加权总分，可以发现，电力行业数字化成熟度最高，石油其次，煤炭行业最低。对于电力行业来说，行业内容及企业生态具备基于信息的实时互联性及精确统计性基础，目前大量的技术与商业模式创新多数集中于电力领域，从资产驱动型到服务驱动型转向数据驱动型的数字化转型战略路径也较为清晰。对于业务及资产集中于上、中游的传统石油公司来说，缺乏信息互联及精准统计的基础，数字化转型进程开展较慢。由于短期内石油供需依然坚挺，新能源发展不会对石油行业造成伤筋动骨的威胁，难免存在石油消费达峰后再开始转型的想法，这会导致石油行业在数字化及针对终端的综合能源服务方面与先行者的差距不断拉大。同时，电力行业等数字化先行者们对终端用户有着极强的黏性，现在已经处于竞争激烈阶段，石油行业作为后来者所能占据的数字化能源市场会被相应压缩。对于煤炭行业来说，目前固有的体系无法支撑数字化建设发展，转型过程中还存在诸如信息系统综合集成度、供应链信息连贯和环节耦合、市场适应能力等问题，且信息孤岛现象仍然存在，部门间的信息流动多数仍为人工方式。不同部门间系统信息传递以及与各个分厂生产控制系统间的生产信息流动仍采用人工报表形式，致使信息滞后，造成供应链中需求信息反应周期延长和资源内耗。究其原因，煤炭行业数字化转型的重心主要放在对矿业能源生产等方面，但忽略了数字化生产的仅是数字化的一部分，虽然对降低成本和安全风险有所贡献，但由于同质性的存在，极容易被同行复制。只有通过数字化转型开展综合能源服务锁定用户，才

能助力行业内企业从传统能源向服务型转型，进而基于数字化及网络化业务也会更加牢靠，均衡提升行业整体的数字化成熟度。

5.4 小结

本章考虑企业多种数字化影响因素，评估企业数字化成熟度。在疫情背景和新基建政策要求下从宏观上分析评价了能源行业、制造业、交通运输业等行业的数字化特点和发展情况。从多维度影响因素入手，考虑数字技术、数据管理及应用、商业模式及生态、人才培养、支撑管理、支撑业务、战略、文化、信息安全、资金等多个维度综合评价企业数字化成熟度，并以雷达图形式展示结果，按维度权重设计数字化转型成熟度评价总分的计算方法，对比能源行业下石油、电力、煤炭三个领域各维度下数字化转型发展状况。通过对不同行业企业和能源行业数字化转型分析，得到以下结论：

第一，我国大部分传统企业已认识到数字化重要性，整体水平全面提升。从整体上来看，文化、商业模式及生态、人才培养是传统行业企业转型的难点。对于各行业来说，疫情期间各种新需求的出现，将使其更有意愿和动力开展数字化转型。通常认为，制造业的数字化转型正在全面加速，能源行业的数字化水平处于平均偏上水平，交通运输业在疫情下数字化程度发展最快。

第二，新基建成为助推能源行业、制造业和交通运输业数字化发展的土壤。新基建具有快速部署、弹性调度、场景多元等特点，疫情后各行业的复工复产与经济加速恢复，更是高度依赖数字科技和数字平台的新基建，发展智能电网、智能工厂、智慧交通，提升行业数字化供应链水平，成为助力我国快速恢复增长的动力。

第三，疫情下体现出能源行业数字化转型发展中应急管理模式依旧有待完善。本次的突发新冠肺炎疫情暴露出能源应急管理制度缺位、能源储备类型较为单一、能源跨区域调度能力不足等问题。能源行业往往关注业务发展和管理提升，存在业务惯性思维，对于突发事故的危机意识不强，这也是疫情下能源行业发展数字化的短板。应急管理模式的构建不仅是完善能源行业应急管理制度，还包括健全市场预警机制、多元化能源应急储备和推进分布式智能微网应用。这不仅是为了应对新冠肺炎疫情，而是为了要全方位考虑可能出现的能源危机场景。因此，应以此为契机，深入思考重大公共危机突发事件所带来的应急管理启示，重视培养危机应对能力，促进能源行业持续健康稳定发展。

第四，石油、电力、煤炭三行业数字化转型进展不一，但都存在进一步发展空间。相较而言，三个能源行业数字化转型的发展重心不同，数字化成熟度评估中各维度发展也各有侧重：电力行业更加重视对于数据的利用及商业模式创新开发，相应数字技术、管理等维度的分值较高；石油行业和煤炭行业则着力于能源生产过程中的智能化、数字化发展，在应急管理、资金投入上有一定的优势。尽管目前的数字化转型方向并不均衡，但能源行业整体的转型趋势是向着清洁化、高效化、智能化发展，能源行业的数字化转型还有很长的路要走。

本章关注典型企业数字化转型阶段成熟度的评估，意图发现不同行业对数字化转型在阶段目标与战略认识上的异同。以数字化应用相对落后的能源行业、疫情下形势严峻的制造业、数据成熟应用的金融业、数据应用生态丰富的零售业、持续追求转型的交通行业为主要分析对象，在疫情背景与新基建政策要求下从宏观上关注不同行业实际影响要素、大型企业数字化成熟度评估理论、实际数字化成熟度评估案例进展，从多维度影响因素入手，考虑数字技术、领导决策、运营、战略、客户、数据管理及应用、人才培养、投资、应急管理模式等 11 个维度综合评价企业数字化成熟度。

6

能源数字经济新型衡量模型在能源领域的应用探索

6.1 能源数字经济的内涵与特征

6.1.1 能源数字经济的内涵辨析

数字经济是人们通过对大数据的识别、选择、过滤、存储和使用，引导、实现资源的快速优化配置与再生、实现价值创造的经济形态，因此只要在价值创造的过程中有数据发挥了作用，这部分经济就是数字经济。

能源数字经济是一个新兴概念。本章根据数字经济概念定义能源数字经济内涵。能源数字经济是以数据作为主要生产要素，对能源领域的资源进行有效配置，进而实现价值的活动总称。能源数字经济并不是简单将大数据技术应用于能源领域，而是更高维度的融合，不仅带来了技术提升，也推动了能源领域的管理转型和生态系统转型，以驱动能源资源的有效整合与配置，进而实现能源企业高质量发展、用户获得感提升、为社会经济增长助力。

6.1.2 能源数字经济衡量意义与挑战

目前，数字革命与能源革命深度融合，能源数字经济已成为引领能源领域转型与发展的核心力量，也将不断为整体经济发展注入新活力。**鉴于能源数字经济的快速发展，衡量能源数字经济的影响对于理解整体能源领域发展及其助力整体经济形势判断具有重要意义。**

现阶段能源领域生产值统计中无法完全捕捉数字和被数字化提升的产品与活动所带来的增加值。其主要原因在于尚未有一套成熟完整的衡量方法，同时缺乏关于其关键组成部分的可靠统计数据，因此很难准确测量能源数字经济的规模和影响，这也进一步制约了对能源形势的总体把握和相关政策制定。因此，急需加快对能源数字经济发展水平进行科学的评价和测度，客观反映出能源数字经济对能源领域发展的影响。

6.2 典型能源数字经济衡量理论方法模型

6.2.1 能源数字经济衡量理论方法

目前国内外学界与政府均开展了数字经济衡量研究，即在界定范围之下，统计或估算出一定区域内数字经济的规模体量。比较主流的方法主要有以下几种。

（一）BEA 核算方法

美国经济分析局（BEA）将数字经济分为三部分：数字基础设施，包括计算机硬件、软件、通信设备和服务、物联网、从事数字经济生产活动所需的建筑物以及其他支持服务（如咨询服务和计算机维修服务）；电子商务，包括企业对企业、企业对消费者和个人对个人三种电子商务交易类型；数字媒体，包括付费数字媒体服务、免费数字媒体服务和大数据服务。由于基础数据获取困难，BEA 在目前的数字经济核算实践中，并没有包括上述所有内容。具体来说，在数字基础设施中未包括物联网和建筑物部分，在电子商务中未包括 P2P 部分，在数字媒体中未包括免费数字媒体服务和大数据服务部分。

BEA 在供给使用框架下核算数字经济，供给使用表是美国国民经济核算的基准，可以作为编制各种经济账户的基础。**BEA 从产品的角度界定数字经济核算范围。首先，在供给使用框架下确定数字经济相关的产品目录**。目录中有些产品类别只有部分产品属于数字经济，需要对其评估以确定其中属于数字经济的产品比例，但由于基础资料所限，实际核算中仅包括以数字经济产品为主的类别。北美产业分类体系 NAICS 共包括约 5000 种产品，BEA 的数字经济核算包含其中的 200 余种产品。**其次，确定产品目录后，进一步确定生产这些产品的行业，并最终核算出数字经济的产出、增加值、劳动者报酬、就业等指标**。在计算某行业中属于数字经济部分的增加值时，BEA 假设数字经济部分与全行业有相同的增加值率。劳动者报酬和就业计算采用与增加值相同的思路，即某行业中属于数字经济部分的劳动者报酬和就业的占比等于数字经济部分产出的占比。

BEA 采用此方法，核算了 2006—2019 年的美国数字经济增加值。2006—2019 年，美国数字经济增加值年均实际增长率为 5.6％，远高于整体经济的 1.5％。2019 年，美国数字经济增加值占现价 GDP 的 6.9％，数字经济总产出、就业和劳动者报酬占经济整体相应指标的比例分别为 6.3％、3.3％和 6.8％。

（二）GDP‐B 替代指标法

为解决免费数字产品与服务无法计入 GDP 中的问题，2019 年麻省理工学院教授埃里克·布吕诺尔夫松和美国国家经济研究局阿维纳什·科利斯提出使用 GDP‐B 这一替代指标，通过量化免费数字产品和服务对消费者福利的贡献来补充传统 GDP 框架。传统 GDP 衡量标准是基于人们为商品和服务支付的价格，部分免费数字产品和服务价格为零，按照传统计算模式，其对 GDP 的贡献通常为零，创造价值基本未被计入。但是在大数据时代，消费者从中往往获得了较高的价值，因此提出 GDP‐B 替代指标，**将免费数字产品消费者盈余价值计入 GDP。消费者盈余价值计算主要通过对消费者开展广泛调研问卷，调研其收到多少费用可愿意放弃使用该项数字化产品，加权样本数值，乘以客户数量，得到相应的数字产品价值。**

埃里克和科利斯教授采用 GDP‐B 指标代替法，计算 Facebook 数字产品价值。通过调研，约有 20％的用户同意以 1 美元的价格停止使用该服务；同样比例的人拒绝以低于 1000 美元价格出售。加权平均后，确定 Facebook 用户愿意接受的放弃一个月服务的薪酬中值是 48 美元，经测算自 2004 年 Facebook 成立以来，美国消费者已经从 Facebook 获得了 2310 亿美元的价值。

（三）中国信息通信研究院核算方法

中国信息通信研究院将数字经济分为四大部分，即数字产业化、产业数字化、数据价值化、数字化治理。

数字产业化部分即信息通信产业，主要包括电子信息设备制造、电子信息设备销售和租赁、电子信息传输服务、计算机服务和软件业、其他信息相关服务，以及由于数字技术的广泛融合渗透所带来的新兴行业，如云计算、物联网、大数据、互联网金融等。增加值计算方法：数字产业化部分增加值按照国民经济统计体系中各个行业的增加值进行直接加总。

产业数字化就是将数字化技术与传统行业的融合。对于传统产业中数字经济部分的计算思路就是要**把不同传统产业产出中数字技术的贡献部分剥离出来**，对各个传统行业的此部分加总得到传统产业中的数字经济总量。

数据价值化包括但不限于数据采集、数据标准、数据确权、数据标注、数据定价、数据交易、数据流转、数据保护等内容，其核心是指价值化的数据已经成为数字经济发展的关键生产要素，加快推进数据价值化的进程是数字经济的本质需求。

数字化治理是指实现政府、行业、企业治理从低效到高效、从被动到主动、从程序化反馈到敏捷实施，使政府、行业、企业发展模式从整体谋划向综合营商环境、设计长效可持续发展机制进行转变。

数据价值化与数字化治理的实际效益与规模在当前依旧难以量化估量，因此在测算中沿用2018年的方法更为稳妥。

中国信息通信研究院通过该方法测算得到我国2018年和2019年相关数据。2018年：数字经济规模达到31.3万亿元，占GDP比重为34.8％；数字产业化规模达到6.4万亿元，占GDP比重为7.1％；产业数字化规模超过24.9万亿元，同比名义增长23.1％，占GDP比重27.6％。2019年：数字经济的规模达35.8万亿元，占GDP比重为36.2％。产业数字化规模达28.8万亿元，占GDP比重为29％；数字产业化规模增加值7.1万亿元，同比增长11.1％。由数据可知，产业数字化由业务应用向协同体系化发展，而能源电力企业进入多平台赋能、数字化能力全面提升的高质量发展的阶段。

（四）腾讯"年度互联网＋总指数及数字经济分指数"

腾讯研究院发布的《中国"互联网＋"指数报告（2018）》，通过指数特征直观地反映了数字经济在国内351个城市的发展情况。该报告还同步发布了"年度互联网＋总指数城市百强榜""年度数字经济分指数城市百强榜"等6大榜单。

数字经济分指数。数字经济分指数集中了与数字经济高度相关的用云量、企业微信以及数字产业相关指标，包括数字经济总量及增幅地图，中国城市数字化分层，数字基尼系数，全年用云量、云存储、云计算的规模增长量、增速，用云量区域聚集度等，全面刻画中国数字经济的活跃度和发展态势。经测算，2019 年数字经济分指数达到了 202.65 点，同比增长 70.05 点，提升了 52.83％。显示我国的经济数字化水平正在逐年平稳快速提升。

根据其测算，广东领跑全国；江苏、浙江、北京分列 2～4 位，数字经济分指数数值差距仅在 0.6 点以内，明显领先于全国其他省份，形成数字经济发展第二梯队；福建、四川、山东、上海、湖北和河南分列省级排名的 5～10 位，形成了数字经济发展的第三梯队。

腾讯数字指数关注的要点是 GDP 所关注不到的经济发展的量化评估，包含图 6-1 所示的几个方面，例如更亲密的关系、休闲时间、生活的便利、安全感、更多选择的机会、信任、工作效率等。

图 6-1　腾讯数字指数关注要点

数据经济分指数揭示了互联网社交平台的基础功能对数字经济发展的促进作用。互联网信息媒介的自然属性，赋予数字社交和数字文化特殊意义。两者是移动互联网最高频的使用场景，是移动互联网的最大入口，最强的黏性来源。虽然这些服务基本都是免费的，但却构成了一个地区数字经济发展的基础，也是数字创新的不竭源泉。

6.2.2 能源数字经济衡量模型及典型应用

（一）方法选取

根据上述数字经济评估方法，目前主流的方法有 BEA 核算方法、GDP‑B 替代指标法和中国信息通信研究院核算方法。

由于能源领域自身特点，BEA 核算方法和 GDP‑B 替代指标法均有一定的局限性。BEA 核算方法从数字产品角度核算数字经济，但能源领域主营业务产品与服务并非数字产品，因此不适用直接采用该方法应用于能源领域。GDP‑B 替代指标法具有两方面局限性：一是能源行业用户较多，大范围调研较为困难，且调研具有较强的主观性；二是能源数字产品多被能源企业内部使用，主要价值在于降低成本，因而很难从客户角度评估数字产品的价值。

中国信息通信研究院核算方法与中国能源产业较为适应，但由于能源领域包括煤炭、电力、石油、天然气、新能源、可再生能源等品种，种类繁多，且各品种下企业生产方式和数字化程度有所不同，同时各企业集团业务范围涉及金融、电子商务等领域，因此需在此方法上进行优化调整。

（二）衡量范围

开展能源数字经济评估，首先要明确其范围，根据习近平总书记在《向2019 中国国际智能产业博览会致贺信》中提到的"要促进数字经济和实体经济融合发展，加快推进数字产业化、产业数字化"，多数研究者将数字经济评估范围划定为两大范畴：数字产业化，即信息产业，具体业态包括电子信息制造业、信息通信业、软件服务业等；产业数字化，即使用部门因此而带来的产出增加和效率提升，也称为数字经济融合部分，包括传统产业由于应用数字技术所带来的生产数量和生产效率提升，其新增产出构成数字经济的重要组成部分。

因此在测算能源数字经济时，也将核算范围划定为能源数字产业化与能源产业数字化两大部分。能源领域内，各能源品类具有自身生产特点以及数字化程度有所不同，因此按煤炭、电力、石油、天然气、新能源、可再生能源等成熟的能源品类。

（三）衡量思路

由于各类能源企业数量较多，计算每个企业生产总值及相关指标工作量较大，因此本模型选取典型企业指标作为同类型企业的整体水平。其次，**按照"先增量后总量、先贡献度后规模"的思路，将增长核算与常规 GDP 核算方法相结合，构建起具有较强操作性、准确性的测算框架**。

一是计算能源数字产业化生产总值。选取典型企业运用生产法将能源企业中的信通、电子商务等直接与数字技术相关企业的生产总值直接加总；计算数字化企业生产值占整个集团生产总值份额；以典型企业份额平均值代替整个能源品种份额，乘以该能源品种总生产值，计算出该能源品种数字化相关企业的生产总值。

二是计算能源产业数字化生产总值。依据边际生产率理论，将经济（GDP）增长分解为资本要素增长、劳动要素增长和全要素生产率增长三大部分。资本要素可以分解为数字化资本和非数字化资本，采用核算增长方法计算出数字化资本要素增长对 GDP 增长的贡献。数字化资本要素的增长源于 ICT 产品价格持续下降形成的数字化资本产品对其他资本产品的替代，对应的是替代效应。因此，这部分贡献可以看作是数字经济替代效应对 GDP 增长的贡献率。增长核算同时也能测算出全要素生产率增长对 GDP 增长的贡献度，而全要素生产率增长有一部分是由数字化渗透性、协同性特征而引致的效率提升所贡献的，对应的是渗透效应。利用计量方法，可以大致测算出全要素增长与数字技术渗透率之间的关系，从而测算出数字经济渗透效应对 GDP 增长的贡献率；加上前面替代效应对 GDP 增长的贡献，就可以推算出特定时间段，数字经济对 GDP 增长的贡献率。具体步骤如下：

（1）选取典型企业，把技术进步定义为希克斯中性，在对各种类型的生产要素进行加总之后，可以得到单个投入指数的生产函数

$$Y_t = A_t F(K_t, C_t, L_t) \tag{6-1}$$

式中：Y_t 为第 t 年生产总值，数据来源于企业年报；A_t 为第 t 年的技术进步；L_t 为第 t 年**劳动力**，采用就业人数，数据来源于企业年报，万人或人；K_t 为第 t 年**数字化投资**；C_t 为**非数字化投资**，数据也来源于企业年报，亿元或万元。C_t 的单位应与劳动力数的单位相对应，如劳动力用万人作单位，固定资产净值就用亿元作单位。

对式（6-1）两边按时间 t 求导，转化为函数

$$dY_t = dA_t + \beta K_t dK_t + \beta C_t dC_t + \beta L_t dL_t \tag{6-2}$$

式中：dA_t 为同比上一年技术进步的增长率；dK_t 为同比上一年 ICT 投资的增长率；βC_t 为不同生产要素在总产出中的贡献份额。

（2）为测量数字化技术对全要素生产率的贡献，建立数字化资本存量增长率与 TFP 增长率之间的线型回归模型，即

$$dA_t = \alpha_0 + \alpha_t dK_t + \varepsilon_t \tag{6-3}$$

式中：α_t 为数字化技术资本与全要素增长率第 t 年相关系数；α_0 为常数项，ε_t 为随机误差。

（3）将式（6-2）与式（6-3）合并，选取近五年数据，得出该企业数字化对经济增长的直接贡献率，同时可核算出数字化技术投资对全要素生产的贡献率，进而计算出数字化对经济增长的间接贡献率，将两者相加，即可计算出数字化对经济增长的总贡献率。将典型企业的数字化对经济增长总贡献率平均值作为该能源品种整体水平，与该能源品种 GDP 总规模相乘，得出该能源品种产业数字化生产总值。

三是计算数字经济生产总值。数字产业化生产总值与产业数字化生产总值相加总，得出该能源品种数字经济生产总值。

由于利用本模型测算能源数字经济所需数据量较大，且涉及多家非上市公司数据，通过对此模型进行简易化处理，初步估算 2019 年能源数字经济约为 7400 亿元。依据埃森哲发布的《2020 年中国企业数字转型指数》报告，数字化转型成效显著的中国企业，营业收入复合增长率额外平均增长 14.3%。考虑近年能源行业在数字基础设施上的投入，以及对运营、上下游产业的重大影响，大致估计能源电力企业数字经济增长率约为 16%，因此预估 2021 年能源数字经济规模约为 8500 亿元。

6.3 小结

能源数字经济是以数据作为主要生产要素，对能源领域的资源进行有效配置，进而实现价值的活动总称。目前，数字革命与能源革命深度融合，能源数字经济已成为引领能源领域转型与发展的核心力量，也将不断为整体经济发展注入新活力。

衡量能源数字经济的影响对于理解整体能源领域发展及其助力整体经济形势判断具有重要意义。从更高维度评价能源资源与社会发展的融合价值、技术的发展提升推动了能源领域的管理转型和生态系统转型程度，进而以驱动能源资源的有效整合与配置。

衡量能源经济的挑战在于，现阶段能源领域生产值统计中无法完全捕捉数字和被数字化提升的产品与活动所带来的增加值。BEA 核算方法、GDP - B 替代指标法、中国信息通信研究院核算方法、腾讯"年度互联网＋总指数及数字经济分指数"等都具备一定的应用场景，需要集合能源领域价值进行综合应用。

在衡量方法上综合多种理论模型，国网能源研究院有限公司提出了一套方法：一是计算能源数字产业化生产总值；二是计算能源产业数字化生产总值；

121

三是计算数字经济生产总值，最终得出综合评价。从结果反馈得出能源企业高质量发展、用户获得感提升和为社会经济增长的方向，所需数据量较大，且涉及多家非上市公司数据，通过对此模型进行简易化处理，初步估算 2019 年能源数字经济规模约为 7400 亿元。

附录 1　国内外数字化转型大事记

一、国内数字化转型大事记

2018 年 3 月

《政府工作报告》提出大力发展"互联网+"，发展壮大新动能。

李克强总理在作 2018 年《政府工作报告》时，提出要发展壮大新动能，做大做强新兴产业集群，实施大数据发展行动，加强新一代人工智能研发应用，在医疗、养老、教育、文化、体育等多领域推进"互联网+"。

2019 年 5 月

习近平总书记在 2019 中国国家大数据产业博览会上发表重要讲话。

习近平指出，当前，以互联网、大数据、人工智能为代表的新一代信息技术蓬勃发展，对各国经济发展、社会进步、人民生活带来重大而深远的影响。各国需要加强合作，深化交流，共同把握好数字化、网络化、智能化发展机遇，处理好大数据发展在法律、安全、政府治理等方面挑战。习近平强调，中国高度重视大数据产业发展，愿同各国共享数字经济发展机遇，通过探索新技术、新业态、新模式，共同探寻新的增长动能和发展路径。希望各位代表和嘉宾围绕"创新发展　数说未来"的主题，共商大数据产业发展与合作大计，为推动各国共同发展、构建人类命运共同体作出贡献。

2019 年 8 月

国务院发布《关于促进平台经济规范健康发展的指导意见》。

该意见指出，要加速我国数字化、移动化发展速度，从而逐步实现"数字中国"国家战略。针对我国平台经济发展，聚焦平台经济发展面临的突出问题，做出的全方位指导和规范化部署，建立健全适应经济发展特点的新型监管机制包容审慎监管，着力营造公平竞争市场环境。

2019 年 10 月

习近平在中国国际数字经济博览会发表重要讲话。

习近平总书记指出，中国正积极推进数字产业化、产业数字化，引导数字经济和实体经济深度融合，推动经济高质量发展。中国高度重视发展数字经济，在创新、协调、绿色、开放、共享的新发展理念指引下，中国正积极推进数字产业化、产业数字化，引导数字经济和实体经济深度融合，推动经济高质量发展。希望与会代表深化交流合作，探讨共享数字经济发展之道，更好造福世界各国人民。

2019 年 12 月 6 日

国家发展改革委发布《关于促进"互联网＋社会服务"发展的意见》。

该意见提出：①以数字化转型扩大社会服务资源供给；②以网络化融合实现社会服务均衡普惠；③以智能化创新高社会服务供给质量；以多元化供给激发社会服务市场活力；④以协同化举措优化社会服务发展环境等意见。在此基础上提出加强教育培训，增强数字技能；加大财政支持，优化融资服务；强化统筹协调，推动任务落实等保障措施。

2020 年 3 月

国资委提出：国企要着力增强新型基础设施支撑能力，推动关键核心技术攻关。

国资委副主任、党委委员翁杰明撰文，新冠肺炎疫情发生以来，以大数据、人工智能、云计算、移动互联网为代表的数字科技在疫情防控中发挥了重要作用。国有企业大多分布在关系国家安全和国民经济命脉的重要行业和关键领域，必须在发展数字经济、加快产业转型升级上下更大功夫。国有企业要着力增强新型基础设施支撑能力，加快建设骨干产业互联网，深入推进能源等基础设施数字化智能化转型，构建公共服务平台和产业生态圈，促进各类资源和生产要素合理流动和优化配置。

2020 年 3 月 23 日

国务院新闻办公室就深化"放管服"改革、推进"互联网十"行动、促进"双创"支持扩大就业有关情况举行发布会，提出解决数字经济转型难题 要做到"能、会、敢"。

国家发展改革委创新和高技术发展司司长伍浩认为，这次疫情让我们更加认识到了信息技术深度融合与数字化转型所带来的巨大效益，大数据、远程医疗、电子商务、移动支付等为疫情防控和复工复产都发挥了巨大作用，"云办公""健康码""在线教育"等越来越广泛地被大家所接受，未来一段时期，数字经济将成为拉动经济增长的一个重要引擎，各行业各领域数字化转型步伐将大大加快。

2020 年 4 月 7 日

国家发展改革委、中央网信办印发《关于推进"上云用数赋智"行动 培育新经济发展实施方案》的通知。

为充分发挥技术创新和赋能作用抗击疫情影响、做好"六稳"工作，进一步加快产业数字化转型，要求大力培育数字经济新业态，深入推进企业数字化转型，打造数据供应链，以数据流引领物资流、人才流、技术流、资金流，形成产业链上下游和跨行业融合的数字化生态体系，构建数字化的典型范式。

2020 年 4 月 9 日

中共中央、国务院印发《关于构建更加完善的要素市场化配置体制机制的意见》。

该意见强调，完善要素市场化配置，是加快完善社会主义市场经济体制的重要内容，并明确了土地、劳动力、资本、技术、数据、要素价格、要素市场运行机制等 7 个方面共 27 项改革任务。

2020 年 5 月

工业和信息化部印发《关于工业大数据发展的指导意见》。

重点包括：建设国家工业互联网大数据中心，汇聚工业数据，建立多级联动的国家工业基础大数据库；推广《数据管理能力成熟度评估模型》国家标准，构建工业大数据管理能力评估体系，引导企业提升数据管理能力；构建工业数据安全管理体系，开展数据安全技术攻关，强化数据安全。

两会《政府工作报告》发布。

首次系统部署推进要素市场化改革。强调发展工业互联网，提出要全面推进"互联网＋"，打造数字经济新优势。

报告指出：改革创业板并试点注册制。强化保险保障功能。赋予省级政府建设用地更大自权。促进人才流动，培育技术和数据市场，激活各类要素潜能。保障民营企业平等获取生产要素和政策支持，清理废除与企业性质挂钩的不合理规定。

国务院新闻办公室举行发布会，部署 2020 年数据要素市场建设内容。

强调今年将开展要素市场化配置的综合改革试点，制定加快培育数据要素市场的政策文件，引各种所有制的企业参与要素交易平台建设。围绕重点产业链和重大投资项目，聚焦龙头企业加强要素保障，促进上下游产业、大中小企业整体配套、全面复工复产。

2020 年 6 月

中央全面深化改革委员会第十四次会议审议通过《关于深化新一代信息技术与制造业融合发展的指导意见》。

会议强调，加快推进新一代信息技术和制造业融合发展，要顺应新一轮科技革命和产业变革趋势，以供给侧结构性改革为主线，以智能制造为主攻方向，加快工业互联网创新发展，加快制造业生产方式和企业形态根本性变革，夯实融合发展的基础支撑，健全法律法规，提升制造业数字化、网络化、智能化发展水平。

2020 年 7 月

国家发展改革委、中央网信办、工业和信息化部等 13 部门联合发布《关于支持新业态新模式健康发展　激活消费市场带动扩大就业的意见》。

对加快发展数字经济 15 大新业态新模式重点方向提出 19 项创新支持政策，

要求以重大项目为抓手创造新的需求，培育新的就业形态，带动多元投资，形成强大国内市场。

2020 年 9 月

国务委员兼外长王毅在"抓住数字机遇，共谋合作发展"国际研讨会高级别会议上提出《全球数据安全倡议》。

主要内容：反对利用信息技术破坏他国关键基础设施或窃取重要数据；不得滥用信息技术对他国进行大规模监控，或非法采集他国公民个人信息；不得强制要求本国企业将境外产生、获取的数据存储在本国境内；尊重他国主权、司法管辖权和对数据的管理权，不得直接向企业或个人调取位于他国的数据；应通过司法协助等渠道解决执法跨境数据调取需求；不应在产品和服务中设置后门，非法获取用户数据；不得利用用户对产品依赖，谋取不正当利益。

李克强主持召开国务院常务会议确定支持新业态新模式加快发展带动新型消费的措施。

会议确定支持新业态新模式加快发展带动新型消费的措施，促进经济恢复性增长。会议指出，消费是经济发展的重要引擎。今年消费因疫情受到较大冲击，成为经济恢复的薄弱环节。基于网络数字技术的新业态新模式，支撑了新型消费逆势快速发展，且潜力巨大。要打通制约经济增长的消费堵点，鼓励市场主体加快创新，更大释放内需，增强经济恢复性增长动力。

国资委印发《关于加快推进国有企业数字化转型工作的通知》。

通知指出：加快新型基础设施建设。充分发挥国有企业新基建主力军优势，积极开展 5G、工业互联网、人工智能等新型基础设施投资和建设，形成经济增长新动力。带动产业链上下游及各行业开展新型基础设施的应用投资，丰富应用场景，拓展应用效能，加快形成赋能数字化转型、助力数字经济发展的基础设施体系。

二、国外数字化转型大事记

（一）布局前沿技术，加快突破数字化转型攻坚期

美国：全面收紧战略目标，聚焦人工智能技术引领产业升级。

美国作为世界上数字经济与数字技术最发达的国家，近两年全面收紧数字化发展战略目标，聚焦人工智能技术布局，注重实践实效，促进产业创新与优化，于 2018 年提出《美国机器智能国家战略》，从投资、人才、技术生态、公共政策、风险管理、技术合作这六个方面确定了机器智能发展的关键举措，于 2019 年发布《国家人工智能研究与发展战略计划》进一步巩固了美国先进技术发展的优先级和全球领导地位。

德国：工业 4.0 与新型数字技术相辅相成。

2018 年，全球数字经济规模激增，德国政府在工业 4.0 的发展战略基础上，提出聚焦人工智能等前沿科技布局的《高技术战略 2025》文件，明确数字化转型五大方向，随后发布的《德国人工智能战略》的国家战略，投资 30 亿美元打造人工智能技术高地，然而，德国暴露出"数字生态系统"建设不足，中小型企业运营的风险以及专家人才缺乏的问题突出，"中小型企业数字化转型计划"成为德国数字化转型后一阶段的重要实施策略。

英国：顶层设计全面覆盖，支持智能产业发展。

英国在通过《英国数字战略》构建国家数字化发展顶层设计，提出连接战略、数字技能与包容性战略、数字经济战略、数字转型战略、网络空间战略、数字政府战略、数据经济战略的"七大战略"后，进一步深化发展，于 2018 年聚焦人工智能领域，提出《产业战略：人工智能领域行动》，打造人工智能发展高水平人才团队，改进英国现有的数据基础设施和数据共享框架，创建最佳的 AI 技术创业环境。

日本：以技术激发高端制造业活力。

日本作为世界制造业强国，尖端生产技术与工艺水平一直是其核心竞争力。2018 年 6 月，日本为推进超智能社会"社会 5.0"的愿景目标，发布了

《日本制造白皮书》，强调以物联网技术实现万物连接，创造新的高附加值制造服务，抢抓世界尖端制造业发展新机遇，2019年发布《科学技术创新综合战略2019》，着重推广大数据、人工智能技术在交通、医疗等领域的尖端场景创新。

（二）聚焦数据产业与市场规范

法国：树立数字化转型示范项目，实施数字税。

2018年底，法国政府提出《利用数字技术促进工业转型的方案》以及工业版图计划，以人才培养和激励，汇集产业链资源，为技术发展提供绝佳环境。2019年7月11日，法国政府通过法案宣布对数字经济征税，对全球数字业务营业收入不低于7.5亿欧元，在法国营业收入超过2500万欧元的数字广告、用户数据销售和中介平台等互联网企业征收3％的数字服务税引起全球的关注和热议。

欧盟："数字欧洲计划"加强市场投资。

2019年4月，欧盟公布92亿欧元的"数字欧洲计划"以资助欧洲数字技术发展，构建基础设施，积极应对来自中国、美国的跨国企业的数字经济全球竞争。

韩国：全面布局智能制造，加速实现"产业复兴愿景"。

2018年12月，韩国召开"中小企业智能制造创新报告会"，提出设立3000亿韩元的建设基金，于2022年全面建成3万个"智能工厂"与10个"智能产业园区"；2019年6月，公布人工智能产业发展目标与投资计划，以软件、机器人技术、物联设备实现全面数字化转型。

俄罗斯：将数字化转型作为经济复苏和可持续发展的关键。

近几年，俄罗斯政府以《俄罗斯联邦数字经济规划》形成数字化转型顶层设计，期望以数字化转型形成新的经济增长点，扭转经济发展颓势，从行业标准、科研人才队伍培养以及基础设施建设重点部署。2018年底，发布《2024年前俄罗斯联邦国家目标和发展战略》，全面提升技术对产业的数字化升级。

（三）全球性组织更关注数据隐私保护与技术伦理

2018年5月，欧盟正式实施《通用数据保护条例》。同年10月颁布《非个人数据在欧盟境内自由流动框架条例》，一方面对个人数据形成有效保护；另一方面，加速数据价值传递，形成欧盟内部的数据可信交互。在伦理方面，2020年2月，欧盟提出对人工智能的伦理问题思考与担忧；2020年，联合国教科文组织在《人工智能伦理建议书》中提出关于人工智能技术伦理的关键问题，覆盖认知、就业、平等等重要问题。

2019年9月，联合国发布《2019年数字经济报告》，指出数字经济领域各市场当前由美、中两国引领，两国占据全球数字平台市值的90%。该报告提出以下观点：

（1）构建数字平台的企业在数据驱动型经济中拥有巨大优势；

（2）数字经济的扩张由数字数据与数字平台推动；

（3）数字经济的发展在地理上非常不平衡；

（4）数字平台日益增长的力量具有全球性影响；

（5）国家需要采取政策使数字经济为多数人而非少数人服务。

附录 2　国内外数字化转型相关政策对比

重点方向	国　内	国　外	对比情况
1. 布局前沿技术，加快突破数字化转型攻坚期	2020 年 3 月，国资委提出：国企要着力增强新型基础设施支撑能力，推动关键核心技术攻关。 2020 年 4 月 7 日，国家发展改革委、中央网信办印发《关于推进"上云用数赋智"行动 培育新经济发展实施方案》。 2020 年 9 月，国资委印发《关于加快推进国有企业数字化转型工作的通知》	**美国**：2018 年提出《美国机器智能国家战略》，2019 年发布《国家人工智能研究与发展战略计划》。 **英国**：《英国数字战略》，2018 年提出《产业战略：人工智能领域行动》。 **日本**：2019 年发布《科学技术创新综合战略 2019》。 **德国**：2018 年发布《高技术战略 2025》，2019 年发布《德国人工智能战略》	**共性**：将重点发展人工智能、云计算等关键技术，以技术突破作为数字化转型战略的首要目标。 **差异**：当前我国着重强调"新基建"，夯实各行业数字化转型基础；欧、美、德、日等传统技术强国更坚持前沿技术突破带动数字化转型对制造业赋能，将技术优势转化为产业优势向外输出
2. 聚焦数据产业与市场规范	2018 年 3 月，《政府工作报告》提出大力发展"互联网＋"产业赋能。 2019 年 8 月，国务院发布《关于促进平台经济规范健康发展的指导意见》。 2019 年 10 月，习近平在中国国际数字经济博览会发表重要讲话，提出"数字产业化、产业数字化"。 2020 年 4 月 9 日，中共中央、国务院印发《关于构建更加完善的要素市场化配置体制机制的意见》。 2020 年 7 月，国家发展改革委、中央网信办、工业和信息化部等 13 部门联合发布《关于支持新业态新模式健康发展 激活消费市场带动扩大就业的意见》	**欧盟**：2019 年提出"数字欧洲计划"加强市场投资。 **俄罗斯**：2018 年底，发布《2024 年前俄罗斯联邦国家目标和发展战略》。 **韩国**：2019 年提出全面布局智能制造，加速实现"产业复兴愿景"。 **法国**：2018 年政府提出《利用数字技术促进工业转型的方案》，提出数字经济税	**共性**：强调战略性布局，以巨额投资刺激产业发展；重视市场建设和新兴产业规范。 **差异**：我国在市场建设、平台发展与技术应用场景丰富度方面走在全球前列，正式提出数字作为生产要素的重要地位；欧洲率先使用"数字税"以规范数字经济的跨国经营关键问题

续表

重点方向	国　　内	国　　外	对比情况
3. 关注数据隐私保护与技术伦理	2019 年 5 月，习近平在 2019 中国国家大数据产业博览会上发表重要讲话，指出各国要处理好大数据发展在法律、安全、政府治理等方面挑战。 2020 年 9 月，国务委员兼外长王毅提出《全球数据安全倡议》。 2020 年 5 月，《民法典》颁布，规定了处理个人信息的法律基础，从而提升了对数据进行合理使用的能力	2018 年，欧盟提出《通用数据保护条例》《非个人数据在欧盟境内自由流动框架条例》。 2020 年，欧盟提出对人工智能伦理问题的思考与担忧。 2020 年，联合国教科文组织发布《人工智能伦理建议书》	**共性：**一方面，对个人数据形成有效保护；另一方面，核心目标是加速数据价值传递。 **差异：**我国关注数据安全应用方面的关键性问题；全球性组织在技术伦理方面的思考更加深入，提出技术分享、技术法规、文化冲突等问题

参 考 文 献

[1] 司纪朋，张斌．意大利电力公司综合能源服务转型经验［J］．中国电力企业管理，
    2019（19）：95.

[2] 中国信息通信研究院．中国数字经济发展白皮书2020［R］．2020：7-13.

[3] 中国石油天然气集团有限公司．2019年集团公司年报［R］．2020-06-15：2-3，34-
    35.

[4] 中国信息通信研究院．中国数字经济发展与就业白皮书［R］．2019：22-27.

[5] 中国信息通信研究院．全球数字经济新图景（2020年）——大变局下的可持续发展新
    动能［R］．2020：10-13.

[6] 梅宏．建设数字中国：把握信息化发展新阶段的机遇［N］．人民日报，2018-8-19
    （05）．

[7] 朱玲．基于大数据应用的企业精准营销现状研究［J］．现代营销（经营版），2019
    （07）：98.

[8] 克劳斯·施瓦布，尼古拉斯·戴维斯．第四次工业革命［M］．世界经济论坛北京代表
    处，译．北京：中信出版社，2018.

[9] 中国石油天然气集团有限公司．集团公司2019年社会责任报告［R］．2020：23-26.

[10] 段鹏飞．大数据时代智库建设的智慧化研究［J］．智库时代，2018，155（39）：
    187-188.

[11] BP p. l. c. From International Oil Company to Integrated Energy Company：bp sets
    out strategy for decade of delivery towards net zero ambition［EB/OL］．（2020-08-
    04）．https：//www. bp. com/zh_cn/china/home/news/press-releases/news-08-
    04. html.

[12] 中国南方电网有限责任公司．公司数字化转型及数字南网建设行动方案（2019年
    版）［R］．2019：10-14.

[13] 于朝晖. 数字经济时代企业数字化转型未来可期 [J]. 网信军民融合. 2020（05）：11.

[14] 新华三集团数字经济研究院. 中国城市数字经济指数白皮书（2020）[R]. 2020：20 - 24.

[15] 阿里云研究中心. 中国企业 2020：人工智能应用实践与趋势 [R]. 2020：36.

[16] 胡正莹. 以数字化转型推动创新变革，培育新动能与新活力 [J]. 知识经济. 2020（03）：29 - 30.